Zu diesem Buch

Die Tierzeichen der asiatischen Länder sind vom Mond abhängig, unsere Sternkreiszeichen dagegen von der Sonne.
Jedes Jahr steht in Asien unter dem Zeichen eines Tieres, das
das Schicksal und den Charakter der in diesem Zeitabschnitt
geborenen Menschen bestimmt. Jetzt sind Sie auch nicht mehr
Wassermann oder Schütze, sondern Affe (wie Herbert von
Karajan, Leonardo da Vinci und Elizabeth Taylor) oder Schlange (wie Ulbricht und Goethe und Prinzessin Gracia Patricia).
Die Symbolik dieser Zeichen ist bildhaft und leicht verständ-
lich: die Ratte geht in die Falle, der Büffel plagt sich auf den
Reisfeldern.

Wer diese Tierzeichen mit unseren Sternzeichen vergleicht,
wer sich auf die bildhafte Sprache dieser chinesischen Horoskope einläßt, ist fasziniert und betroffen zugleich. Dieses
Buch entschlüsselt unsere innersten Geheimnisse und hilft uns
bei der Suche nach uns selbst und unseren Partnern. Es gibt
oft amüsante Anregungen, wie man die richtige Ehehälfte
wählt, mit wem man gute Geschäfte macht oder neben wen Sie
sich bei einem Abendessen nicht setzen sollten.

Paula Delsol

Chinesische Horoskope

Rowohlt

Die Originalausgabe erschien unter dem Titel
«Horoscopes Chinois» bei Mercure de France
Umschlagentwurf Manfred Waller

151.–154. Tausend Mai 1993

Veröffentlicht im Rowohlt Taschenbuch Verlag GmbH,
Reinbek bei Hamburg, Februar 1980
Berechtigte Übersetzung © 1972
Kossodo Verlag, Anières / Genf
Satz Aldus (Linotron 404)
Gesamtherstellung Clausen & Bosse, Leck
Printed in Germany
790-ISBN 3 499 14483 2

Inhalt

Vorwort	7
Die Tierzeichen und ihre Jahre	11
Die Ratte	13
Der Büffel	19
Der Tiger	25
Die Katze	31
Der Drache	37
Die Schlange	43
Das Pferd	49
Die Ziege	55
Der Affe	61
Der Hahn	67
Der Hund	73
Das Schwein	79
Blaue Monde, Rote Monde	85
Schlußbemerkung	93
Anhang	95
Der vietnamesische Kalender	95
Die Jahre und ihre Zeichen	98
Ihre Berufe	116
Eltern und Kinder	119
Liebe und Ehe	129
Berufe und Geschäfte	139
Freundschaft und gesellschaftlicher Verkehr	145
Mond- und Sternzeichen	150

Vorwort

Die Legende erzählt, daß Buddha eines Tages alle Tiere der Schöpfung zu sich bat und ihnen eine Belohnung versprach, wenn sie kommen würden. Er muß sich keine Illusionen gemacht haben, denn nur zwölf Tiere folgten dieser seltsamen Einladung. Zuerst erschien die Ratte, dann der Büffel, der Tiger, die Katze, der Drache, die Schlange, das Pferd, die Ziege, der Affe, der Hahn, der Hund und schließlich das gute alte Schwein. Buddha schenkte jedem Tier ein Jahr und benannte es nach ihm. So erhielt die Ratte das erste, der Büffel das zweite usw. – und das Schwein schließlich das zwölfte; ganz in der Reihenfolge, in der sie gekommen waren. Alle erklärten sich damit einverstanden. So ist seitdem jedes Jahr von den Merkmalen eines der zwölf Tiere gekennzeichnet. Nicht nur die in diesem Jahr geborenen Menschen, sondern das ganze Jahr selbst mit allen seinen Ereignissen steht unter dem Einfluß des regierenden Tieres.

Man sagt auch, daß die Stunden des Tages wiederum von den Tierzeichen abhängen, und zwar in den zwölf Stunden zwischen Mitternacht und Mittag im wachsenden und zwischen Mittag und Mitternacht im abnehmenden Maße. Der Tag hat für jeden Menschen seine günstigen und ungünstigen Stunden, und ihre Geburtsstunde kann daher sehr wichtig sein, je nach dem Jahr, in dem sie geboren sind.

Soweit die Legende.

Die Tierzeichen der asiatischen Länder sind vom Mond oder – genauer – vom Mondjahr abhängig, im Gegensatz zu unseren Sternkreiszeichen, die von der Sonne und von den planetarischen Konstellationen bestimmt sind. Vergessen wir also die Sterne und fragen wir uns: «Sind wir unter einem glücklichen Mond geboren?»

Ein Mondjahr umfaßt zwölf Monate oder Monde, von denen jeder genau 30 Tage zählt, und jedes zwölfte Jahr hat dreizehn Monate. Daher fällt das asiatische Neujahrsfest nie auf den gleichen Tag. Der Zyklus ist in zwölf Perioden von je einem Jahr eingeteilt (nicht in Monate wie bei uns), und die Reihenfolge bleibt immer dieselbe.

Jedes Jahr steht unter dem Zeichen eines Tieres, das das Schicksal und den Charakter der in diesem Zeitabschnitt geborenen Menschen bestimmt. Die Symbolik dieser Zeichen ist anschaulich und wirklichkeitsnah und drückt sich in leichtverständlichen Bildern aus: Die Ratte geht in die Falle, der Büffel plagt sich auf den Reisfeldern, der Tiger ist ein wilder Jäger, die Katze fällt immer auf ihre Füße, der Drache sprüht Gold und Funken, die Schlange ist weise, das Pferd ist stolz, die Ziege meckert und zerrt am Strick, der Affe reißt seine Possen, der Hahn scharrt im Sande, der Hund bewacht das Haus und das Schwein ist gutmütig und naiv.

Es ist auch bei uns bekannt, daß der Mond unser Handeln und unsere Stimmung beeinflußt. Wahrsagerinnen, Ärzte, Gärtner und Friseure (sie empfehlen, das Haar bei Neumond zu schneiden) bestätigen es. Wir können dieses Phänomen nicht wissenschaftlich erklären, und das ist auch nicht der Zweck dieses Buches. Die Bedeutung der asiatischen Tierzeichen ist durch jahrhundertealte Tradition überliefert. Die Auslegungen beruhen auf Überlieferungen, die noch heute in China, Indochina und Japan lebendig sind.

Man mißt in Asien den Tierzeichen eine derartige Bedeutung bei, daß niemand etwas unternimmt, ohne sie zu berücksichtigen. Bei persönlichen, finanziellen oder politischen Entscheidungen hängt alles von ihnen ab. Verlieben sich zwei junge Menschen und ihre Tierzeichen ergeben eine ungünstige Konstellation, so werden die Eltern mit allen Mitteln eine Ehe verhindern. Dasselbe gilt bei der Wahl von Geschäftspartnern, Berufskollegen – ja auch bei Freundschaften. Das Jahr des Feuerpferdes z. B. soll ungünstig für Geburten sein, und viele Frauen ließen 1966 ihre Schwangerschaft unterbrechen, um kein Feuerpferd zu gebären.

Immerhin gibt es in dieser Astrologie – oder sollte man Lunologie sagen? – erstaunliche Zusammenhänge und Übereinstimmungen. Je nach dem Tierjahr, in dem man geboren ist, wird man stark oder schwach, durchtrieben oder naiv, streitsüchtig oder friedliebend, ehrgeizig oder bescheiden sein. Natürlich wird sich jeder von Geburt an etwa durch Milieu und Vermögen oder durch günstige oder ungünstige Tierzeichen der Eltern verschieden entwickeln . . .

Aber ob Sie nun ein Schoßhund oder ein Straßenköter, ein Reitpferd oder ein Ackergaul, eine Hauskatze oder ein herumstreunender Kater sind, die wesentlichen Züge – von Einzelheiten abgesehen – sind immer die gleichen und die Schicksale entsprechend.

Ferner sollen Jahreszeiten, Mond und Stunde der Geburt, ja sogar das Wetter einen beachtlichen Einfluß ausüben. Auf jeden Fall werden die am Neujahrstag Geborenen ausgeprägtere Eigenschaften und größere Erfolgschancen haben.

Der Neujahrstag ist ein großer Festtag, an dem Knallfrösche, die unter dem höchsten Torbogen und auf dem größten Baum aufgehängt sind, die bösen Geister aus dem Haus vertreiben. Der Volksglaube besagt, daß alles, was einem an diesem Tage widerfährt, für das ganze Jahr bestimmend ist. Es ist daher ratsam, nicht zuviel zu arbeiten, nicht zu streiten, seine Gläubiger zu meiden und den Hütern von Ordnung und Gesetz aus dem Weg zu gehen.

Der asiatische Neujahrstag fällt nicht mit dem unsrigen zusammen. Er hängt von den Mondphasen, den Jahreszeiten und den Schaltmonaten ab . . . Das Jahr beginnt mit dem Januar oder Februar, und wer in diesen Monaten geboren ist, hat je nach dem entsprechenden Jahr das Tierzeichen des vorangegangenen oder des neuen Jahres. Für die anderen Monate gilt das Geburtsjahr.

Genaueres über die Daten des asiatischen Neujahrstages haben wir seit 1949 durch die vietnamesische Botschaft erfahren. Herr Hoang-Xuan-Han, der Professor am Albert-Sarraut-Gymnasium in Hanoi war, hatte die Freundlichkeit, uns die Daten des Têt-Festes von 1900 an mitzuteilen.

Aber in letzter Zeit wird an dieser Tradition nicht mehr festgehalten. Die japanische Botschaft hat uns darauf aufmerksam gemacht, daß der Neumond des Januar nicht mehr berücksichtigt wird und daß man aus praktischen Erwägungen den japanischen Neujahrstag dem ersten Januar der westlichen Welt angeglichen hat, was unseren Steinbock und unseren Wassermann zwischen zwei Stühlen sitzen läßt. Wir werden Ihnen im folgenden die genauen Daten Ihres Zeichen mitteilen, die ab 1968 dem westlichen Kalender angeglichen sind. Nach japanischen Vorbild vereinfacht, können Sie Ihr Tierzeichen leicht finden.

Vom Jahr 1900 an, dem Jahr der Ratte, können Sie ganz leicht Ihr Zeichen berechnen, denn die die Tierzeichen erscheinen immer in derselben Reihenfolge: Ratte, Büffel, Tiger, Katze, Drache, Schlange, Pferd, Ziege, Affe, Hahn, Hund, Schwein . . . usw.

Im Anhang dieses Buches finden Sie auch eine Anleitung, wie man die Tierzeichen mit unseren Sternkreiszeichen vergleichen und kombinieren kann, denn es erschien uns höchst unwahrscheinlich, daß z. B. ein Tiger, der im Zeichen des Löwen geboren ist, wilder sein muß als einer aus dem Zeichen des Fisches . . .

Wir wünschen Ihnen, daß Sie unter einem guten Mond geboren sind, aber auch hier trifft schließlich dasselbe zu wie in unserer Astrologie: Jedes Zeichen hat seine guten und schlechten Seiten, es kommt nur darauf an, was man daraus macht.

Die Tierzeichen
und ihre Jahre

Ratte	1900	1936	1972
	1912	1948	
	1924	1960	

Büffel	1901	1937	1973
	1913	1949	
	1925	1961	

Tiger	1902	1938	1974
	1914	1950	
	1926	1962	

Katze	1903	1939	1975
	1915	1951	
	1927	1963	

Drache	1904	1940	1976
	1916	1952	
	1928	1964	

Schlange	1905	1941	1977
	1917	1953	
	1929	1965	

Pferd	1906*	1942	1978
* Feuerpferd	1918	1954	
	1930	1966*	

Ziege	1907	1943	1979
	1919	1955	
	1931	1967	

Affe	1908	1944	1980
	1920	1956	
	1932	1968	

Hahn	1909	1945	1981
	1921	1957	
	1933	1969	

Hund	1910	1946	1982
	1922	1958	
	1934	1970	

Schwein	1911	1947	1983
	1923	1959	
	1935	1971	

Die Ratte

1900	31. Januar 1900 bis 19. Februar 1901
1912	18. Februar 1912 bis 6. Februar 1913
1924	5. Februar 1924 bis 25. Januar 1925
1936	24. Januar 1936 bis 11. Februar 1937
1948	10. Februar 1948 bis 29. Januar 1949
1960	28. Januar 1960 bis 15. Februar 1961
1972	15. Februar 1972 bis 2. Februar 1973

Die Ratte, eine Genießerin

Die Ratte ist charmant und aggressiv. Auf den ersten Blick erscheint sie ruhig, ausgeglichen und froh. Verlassen Sie sich nicht darauf! Der Schein trügt, denn hinter ihm verbirgt sich eine ständige Unruhe und eine nicht zu bändigende Angriffslust. Man muß sie nur länger kennen, um festzustellen, wie nervös, ungeduldig und jähzornig sie ist.

Sie ist gern in Gesellschaft und nimmt an Klatsch teil. Sie hat mehr Bekannte als Freunde, ihrer bösen Zunge wegen – und vielleicht auch, weil sie sich niemandem anvertraut.

Sie ist verschlossen und behält ihre Probleme für sich.

Die Ratte ist vor allem gewinnsüchtig. Ihr ganzes Leben lang ist sie auf Profit aus. Sie schlägt Gewinn aus ihren Eltern, ihren Freunden, ihren Bekannten, ihrem Geld, dem Geld der anderen, ihrem Charme . . .

Denn sie hat einen unwiderstehlichen Charme, den sie bis zum Mißbrauch benutzt, um an ihr Ziel zu gelangen.

Sie ist verspielt und verfressen und läßt sich nichts entgehen. Es mag paradox erscheinen, daß sie in ständiger Angst vor Hunger und Elend lebt, und obgleich sie jeden Augenblick genießt, träumt sie von Ersparnissen für die Sicherheit ihrer alten Tage.

Daher neigt die Ratten-Frau dazu, ihre Schränke mit unnützen Vorräten vollzustopfen – die sie übrigens schnellstens wieder aufbraucht. Man trifft sie auch stets bei Ausverkäufen, wo sie mit Eifer blindlings alles Mögliche an sich reißt, um sich die «gute Gelegenheit» nicht entgehen zu lassen.

Die Ratte ist sehr einfallsreich. Sie kann schöpferisch sein, sie hat aber eher einen guten kritischen Verstand. Daher ist es gut, ihre Ratschläge zu befolgen. Bei manchen Ratten kann diese Eigenschaft zum Fehler ausarten, und dann können sie aus reinem Vergnügen fürchterliche Zerstörungen anrichten.

Die Ratte ist zwar kleinlich und spießbürgerlich, aber im Grunde ehrlich. Was sie sich einmal vorgenommen hat, wird peinlich genau bis zum Ende durchgeführt – auch wenn es zum Scheitern verdammt ist. Sie wird es im Leben zu etwas bringen – und aus ihrem Leben etwas machen –, wenn es ihr gelingt, ihre ewige Unzufriedenheit und ihre unmäßige Genußsucht zu beherrschen.

Sie wird es auf jeden Fall immer vorziehen, durch Schlauheit und List vorwärtszukommen als durch eigener Hände Arbeit; dann schon lieber von der Arbeit der anderen.

Im schlimmsten Fall wird sie ein genialer Parasit, ein Wucherer oder Pfandleiher. Aus angeborener Faulheit und wenn die Lebensumstände genügend Sicherheit bieten, können Ratten ausgezeichnete spießige Schalterbeamte werden. Geschäfte und Politik bieten Erfolgschancen; auch künstlerische Berufe. Alles, wozu man eher den Kopf als die Hände braucht.

So schnell die Ratte Geld verdient, so schnell gibt sie es leider wieder aus. Sie will auf nichts verzichten, und wenn sie eines Tages Geld verleiht, so wird sie Zinsen verlangen.

Und doch ist dieses gewinnsüchtige Tier im Grunde sentimental. Der geliebten Person wird die Ratte großzügig alles geben, auch wenn ihre Liebe nicht erwidert wird.

Denn in der Liebe entfaltet sich das wahre Wesen der Ratte voll und ganz. Die verfressene, trunksüchtige, verspielte und sinnliche Ratte ist in der Liebe leidenschaftlich und gefühlvoll.

Sie wäre wohlberaten, sich an einen Drachen zu binden. Er kann ihr Kraft und Ausgeglichenheit bieten und sie ihm ihren kritischen Verstand. Auch mit dem Büffel paßt sie gut zusammen. Er gibt ihr vor allem Sicherheit.

Der Affe fasziniert sie, auch wenn sie es nicht zugeben will. Sie wird sich Hals über Kopf in ihn verlieben, und er wird sich darüber amüsieren.

Dem Pferd soll sie aus dem Wege gehen. Es ist zu individualistisch und unabhängig, um die Kleinlichkeit und Profitgier der Ratte zu ertragen. Eine wahre Katastrophe wäre es, wenn ein Ratten-Mann eine Feuerpferd-Frau heiratet. Allerdings werden Feuerpferde nur alle sechzig Jahre geboren, was die Gefahr gewiß verringert. Vorsicht vor der Katze! Die Gründe sind leicht begreiflich.

Die Ratte hat eine glückliche Kindheit und eine sorglose Jugend. Der zweite Lebensabschnitt kann allerdings sehr bewegt verlaufen. Sie kann durch ein schlechtes Geschäft ihr ganzes Vermögen oder ihr Glück durch Liebeskummer verlieren. Der dritte Lebensabschnitt ist ruhig und das Alter sorgenfrei.

Aber alles hängt davon ab, ob die Ratte im Sommer oder im Winter geboren ist. Im Sommer sind die Scheunen voll, aber im Winter muß sie ihr Haus verlassen, um auf Nahrungssuche zu gehen, und da muß sie aufpassen, daß sie unterwegs nicht in eine Falle gerät. Das könnte im Gefängnis oder mit dem jähen Tod enden.

Der Büffel

1901	19. Februar 1901 bis	8. Februar 1902
1913	6. Februar 1913 bis	26. Januar 1914
1925	25. Januar 1925 bis	13. Februar 1926
1937	11. Februar 1937 bis	31. Januar 1938
1949	29. Januar 1949 bis	17. Februar 1950
1961	15. Februar 1961 bis	5. Februar 1962
1973	3. Februar 1973 bis	22. Januar 1974

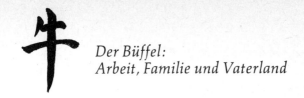

Der Büffel:
Arbeit, Familie und Vaterland

Der Büffel ist still und geduldig, zurückhaltend und langsam, unauffällig und ausgeglichen, genau und methodisch. Er wirkt bäurisch, ungehobelt, aber dahinter steckt viel Originalität und Intelligenz. Er erweckt Vertrauen, und daher hat er oft Erfolg.

Er ist nachdenklich und beschaulich, und vielleicht liebt er deshalb die Einsamkeit.

Er neigt zur Sektiererei, bisweilen bis zum Fanatismus, ist fromm und tugendhaft, was ihm manchmal übelgenommen wird.

Trotz seines ruhigen Äußeren ist er ein Choleriker, ein Gewaltmensch. Seine Wutausbrüche sind zwar selten, aber heftig. In einem solchen Fall ist es ratsam, ihm aus dem Weg zu gehen, denn er kann gefährlich sein. Er sieht zwar friedlich aus, ist aber starrköpfig und haßt es, wenn ihm etwas mißlingt. Wehe dem, der sich ihm entgegensetzt, er kann schonungslos, grausam und bösartig werden. Wenn er rast, kann ihn nichts aufhalten. Er ist eine Führernatur. Im Notfall kann er ein großer Redner sein, obgleich er meist verschwiegen ist.

Der Büffel haßt alles Neues, Modische, weil es seine Ruhe stört. Er gehört zu denen, die sich über abstrakte Malerei, moderne Musik, Miniröcke und lange Haare aufregen, und er wird es niemals dulden, daß ein Mitglied seiner Familie oder seiner Umgebung solche Moden mitmacht. Er ist autoritär, und seine Familie – oder im weiteren Sinne seine Untergebenen – nehmen einen wichtigen Platz in seinem Leben ein.

Er steht zur Tradition, zum Althergebrachten. Die Büffel-Frau wird an Familienfesten stets den traditionellen Kuchen backen und dazu ihr «gutes Kleid» anziehen. Allerdings wird sie sich dabei keine Phantasie erlauben und immer «hausbakken» bleiben.

Der Büffel ist arbeitsam und zuverlässig. Den Seinen wird es an nichts fehlen, denn er ist ein guter Anschaffer. Für den vietnamesischen Bauern bedeutet der Besitz eines Büffels Wohlstand, der dem Haus und der Familie zugute kommt.

Daher ist es günstig, einen Büffel im Hause zu haben, besonders wenn er ein eigenes Geschäft hat oder selbstständig arbeitet. (Im freien Beruf, als Klein- oder Großunternehmer, Bauer oder Gutsbesitzer, die Landwirtschaft liegt ihm besonders.) Da er manuell geschickt und intelligent ist, kann er auch ein guter Chirurg werden . . ., aber für Handel und öffentliche Ämter eignet er sich weniger, denn er ist schwierig im Umgang. Auch Berufe, die viel Reisen erfordern, liegen ihm nicht, weil seine Ruhe und seine Gesundheit darunter leiden könnten.

Die Büffelin ist eine ausgesprochene Kinder-Küche-Kirche-Frau und bleibt am besten im Hause. Sie ist eine gute Hausfrau und aufmerksame Gastgeberin. Oft hat sie die Hosen an.

Leider findet der Büffel bei den seinen nur selten Verständnis und Zustimmung. Dazu fehlt es diesem starrköpfigen Autokraten an diplomatischem Geschick. Zwar liebt er über alles seine Familie und ist stolz auf seine Kinder, aber er ist streng, verlangt blinden Gehorsam und läßt seine Macht spüren, nur weil er von seiner Aufgabe als verantwortungsbewußtes Oberhaupt überzeugt ist. Für seine Familie lebt er, und für sie ist ihm kein Opfer zu groß.

Die Liebe ist für ihn ein angenehmes Vergnügen, und in dieser Beziehung ist er ziemlich direkt und unsentimental. Er kann zärtlich, zuvorkommend und sinnlich sein, aber er ist nicht romantisch. Er verachtet Liebesgeflüster, Schäkereien und leidenschaftliche Ergüsse. Diese materialistische Einstellung bringt ihn in seinem Liebes- und Eheleben oft in große Schwierigkeiten. Der Büffel ist nicht eifersüchtig, aber er betrachtet die Treue des Partners als eine Pflicht, die unbedingt erfüllt werden muß, und nur darum wird er keinen Seitensprung dulden. Da seine eigene Treue auf denselben Gründen beruht, wird sie ihm nicht hoch angerechnet.

Seine Kindheit und Jugend verlaufen ruhig und ereignislos. Im zweiten Lebensabschnitt hat er in seinem Liebes- und Eheleben allerlei Komplikationen zu erwarten. Sein Partner wird ihm seine Gleichgültigkeit übelnehmen und könnte sich anderswo das bißchen Romantik suchen, das er bei ihm vermißt. Wenn es dem Büffel in einer solchen Situation nicht gelingt, sich dank seiner Intelligenz zu beherrschen, könnte er sehr grob, ausfallend und unsympathisch werden und sich die Achtung seiner Mitmenschen verscherzen. Tatsächlich kann der Büffel, für den Familie und Arbeit über allem stehen, amouröse Seitensprünge nicht verzeihen, weil er sie nicht versteht.

Auch im dritten Lebensabschnitt wird er mit großen Schwierigkeiten zu kämpfen haben, aber wenn es ihm gelingt, sie zu meistern, wird er ein ruhiges Alter haben.

Der ideale Ehe- oder Lebenspartner für den Büffel ist der Hahn. Sie haben so viel gemeinsam, daß der Büffel die Extravaganzen des Hahns nicht übelnimmt. Auch die Ratte paßt gut zu ihm. Wenn sie ihn liebt, wird sie ihm treu bis in den Tod sein. Die Schlange ist zwar von Natur aus untreu, aber sie ist klug genug, ihre Gefühle nicht zur Schau zu stellen, und sie wird jedenfalls nie ihre Familie verlassen.

Vom Affen ist auch der Büffel – wie die Ratte – fasziniert.

Der Einfallsreichtum und die Phantasie des Affen könnten dem Büffel zum Erfolg verhelfen, aber dann wäre es aus mit dem ruhigen friedlichen Leben, und gerade das braucht der Büffel. Die Ziege ist nichts für ihn. Ihre Launen und Sprunghaftigkeit wären ihm unerträglich, und mit ihren Seitensprüngen könnte sie eine Katastrophe herbeiführen.

Es ist eine alte Volksweisheit, daß der Büffel auf keinen Fall mit dem Tiger zusammenleben sollte. Das würde einen Kampf bedeuten, der nur damit enden kann, daß der Tiger verschwindet oder vernichtet wird. Der Büffel, der der stärkere ist, würde unausgesetzt den Tiger angreifen und nicht ruhen, bis er ihn getötet hat. Ein Tigerkind würde es bei seiner

Büffel-Mutter so schwer haben, daß es am besten früh das Elternhaus verläßt.

Der im Winter geborene Büffel wird ein angenehmeres Leben haben. Er braucht sich auf den Reisfeldern nicht abzuplagen. Ist er aber im Sommer geboren, so wird er das ganze Jahr hindurch schwer arbeiten müssen und findet keine Ruhe.

Der Tiger

1902	8. Februar 1902 bis 29. Januar 1903
1914	26. Januar 1914 bis 14. Februar 1915
1926	13. Februar 1926 bis 2. Februar 1927
1938	31. Januar 1938 bis 19. Februar 1939
1950	17. Februar 1950 bis 6. Februar 1951
1962	5. Februar 1962 bis 25. Januar 1963
1974	23. Januar 1974 bis 10. Februar 1975

Der Tiger, ein einsamer Jäger

Der Tiger ist rebellisch und undiszipliniert. Sein Wesen ist hitzig und aufbegehrend. Er ist niemandem untertan, stets zum Kampf bereit, tollkühn und verwegen. Er schwingt die Fahne der Revolution, er ist ein Schlachtenlenker, ein Chef, ein Führer. Aber wie die meisten Führer verdient er nicht immer das Vertrauen, das man ihm schenkt. Wenn er zum Angriff bläst, sei es im Krieg, in Geschäften oder in der Liebe, wäre man wohlberaten, sich zuerst gründlich zu überlegen, ob man ihm folgen soll, und zuweilen sollte man ihn mit Gewalt zurückhalten, denn er könnte seine Gefolgschaft ins Unglück stürzen. Sein Wagemut ist zuchtlos und grenzt an Leichtsinn.

Es ist schwer, seiner Anziehungskraft zu widerstehen. Seine Autorität ist so natürlich, daß sie ihm ein gewisses Prestige verleiht. Er verschafft sich stets Gehorsam, aber nie läßt er sich befehlen. Er ist es gewohnt, daß man sich ihm fügt, und niemand würde es wagen, ihm zu widersprechen. Sogar seine Feinde, die ihn vernichten wollen, verehren ihn.

Wenn es ihm gelingt, sich zu beherrschen, zu überlegen, bevor er handelt, wenn er auf guten Rat hört und etwas Vorsicht walten läßt, kann er es zu großen Erfolgen bringen.

Er kann sich mit seiner ganzen unbezähmbaren Wildheit und Kampfeslust für eine Sache aufopfern und wird dabei den Tod nicht scheuen. Andererseits ist er starrköpfig, eigensinnig, herrschsüchtig, bisweilen auch kleinlich und hat immer irgendwen zum Feind. In kleinen Dingen ist er egoistisch, aber er kann selbstlos und großzügig sein. Er vertraut niemanden.

Stets stürmt er voran, gegen Ordnung und Gesetz, gegen Bürgertum und Reaktion, gegen Gesellschaftsform, Kirche, Staat . . . gegen das «Establishment». Und doch kann es ihm passieren, daß er einen Entschluß so lange hinauszögert, bis es zu spät ist.

Der Tiger kann mit Erfolg alle Berufe ausüben, die Wagemut erfordern und in denen er keine Vorgesetzten hat. Heerführer, Forscher, Unternehmer . . . auch Gangster.

Auch die Tigerinnen steigen gern auf die Barrikaden, um für neue Ideen oder gegen Ungerechtigkeit zu kämpfen.

Geld interessiert ihn nicht, aber er kann es zu großem Reichtum bringen.

Außergewöhnliche Ereignisse und unerwartete Situationen kennzeichnen das Leben des Tigers. Und überall lauert Gefahr.

Jedoch hinter seinem heftigen und kämpferischen Temperament verbirgt sich viel Zartgefühl, Empfindsamkeit und ein Hang zur Grübelei. Er ist großer, wahrer Liebe fähig, aber er findet selten sein Glück, denn er ist zu leidenschaftlich.

Die Tigerin hat zahlreiche Liebesabenteuer, die oft unglücklich enden.

Das edle und ehrenhafte Pferd, der kraftvolle und ausgeglichene Drache, der treue und gerechte Hund können gute Partner sein. Die Schlange soll er vermeiden. Sie ist zu klug und bringt ihm kein Verständnis entgegen. Der Affe ist zu schlau und listig und hätte ein leichtes Spiel, ihn zu betrügen, sei es in der Liebe oder in geschäftlichen Beziehungen. Auf keinen Fall aber soll er sich mit dem Büffel einlassen. Der stärkere Büffel würde ihn unerbittlich bis zur Vernichtung bekämpfen. Leben ein Tiger und ein Büffel im selben Haus, so muß der Tiger verschwinden, wenn ihm sein Leben lieb ist.

Auch mit der Katze kommt der Tiger nicht gut aus. In einem Volksmärchen wird erzählt, wie die Katze den Tiger an einen Baum lockt, schnell hinaufklettert, während der schwere Tiger unten bleibt, und ihm ihren Unrat auf das Maul wirft. Allerdings wird es zwischen ihnen nie zum offenen Streit kommen, denn schließlich sind sie ja verwandt.

Der erste Lebensabschnitt wird ruhig und ohne Schwierigkeiten verlaufen. Der zweite aber ist stürmisch und bewegt. Geldsorgen, Liebeskummer, eheliche Auseinandersetzungen,

Familienkrach, nichts wird ihm erspart. Wenn es ihm nicht gelingt, seine Probleme mit Geschick zu meistern, werden sie ihm noch im dritten Lebensabschnitt zu schaffen machen. Seine alten Tage werden dafür friedlich und ruhig sein – wenn er sie erlebt.

Das Leben des Tigers kann jedoch ganz anders verlaufen. Es kommt darauf an, ob er tags oder nachts geboren ist. Der in der Nacht geborene Tiger, besonders um Mitternacht, hat nichts zu befürchen. Er ist in Sicherheit, nachts ist er König in seinem Reich, und sein Leben ist ruhiger, friedlicher. Ist er aber nach Sonnenaufgang oder sogar um die Mittagszeit geboren, so wird er ständig in Gefahr leben. Hetzend, jagend, gehetzt und gejagt. Jedenfalls aber kennt der Tiger keine Langeweile, und ob er tags oder nachts geboren ist, wirklich ruhig wird sein Leben nie verlaufen. Und er wünscht es sich auch nicht. Er liebt das bewegte, gefahrvolle, abwechslungsreiche Leben, und sein tollkühner Wagemut wird ihn immer wieder dazu verleiten, es leichtfertig aufs Spiel zu setzen.

Aber das Glück steht dem Tiger bei. Gewiß braucht er es mehr als alle anderen, doch niemand hat Glück wie er! Für die Völker Asiens ist der Tiger ein besonderes Zeichen. Er verkörpert Kraft und Mut, höchste Macht und Schutz für das Leben des Menschen.

Ein Tiger im Haus vertreibt die drei großen Gefahren: Räuber, Feuer und böse Geister. Aber nur ein Tiger! Sind es zwei, muß einer verschwinden.

Die Katze

1903	29. Januar 1903 bis 16. Februar 1904
1915	14. Februar 1915 bis 3. Februar 1916
1927	2. Februar 1927 bis 23. Januar 1928
1939	19. Februar 1939 bis 8. Februar 1940
1951	6. Februar 1951 bis 27. Januar 1952
1963	25. Januar 1963 bis 13. Februar 1964
1975	11. Februar 1975 bis 30. Januar 1976

Die Katze, ein sanftes Wesen

In manchen Ländern ist es das Zeichen des Hasen, aber wir finden die Charakteristiken für unsere Begriffe besser der Katze angemessen und bleiben lieber bei dieser Bezeichnung. Wenn man von einem Tier spricht, das geschickt, anmutig, verspielt ist und das immer auf seine Füße fällt, denkt man gleich an die Katze. Es ist das glücklichste Zeichen. Die Katze ist gewandt, begabt, hat gesunden, nicht übertriebenen Ehrgeiz, sie ist ein angenehmer Gefährte, diskret, zurückhaltend, vornehm und tugendhaft. Und sie zeigt gern ihre guten Eigenschaften, denn sie versteht es, sich beliebt zu machen, sich Geltung zu verschaffen, und sie weiß sich geschickt auszudrücken.

Allerdings hat sie außer diesen glänzenden Qualitäten auch einen Fehler, der zwar nicht sehr schwerwiegend ist, jedoch seine Bedeutung hat: Sie ist oberflächlich, und logischerweise sind es ihre guten Eigenschaften auch.

Die Katze liebt Gesellschaft und ist überall gern gesehen. Auf Partys und modänen Veranstaltungen fühlt sie sich wohl. Sie nimmt zuweilen an Klatsch teil – aber stets mit Feingefühl, Takt und Vorsicht, und sie läßt sich nur höchst ungern in Diskussionen ein, in denen sie vielleicht jemandem etwas Unangenehmes sagen müßte.

Sie ist eine aufmerksame Gastgeberin, und ihr Haus ist oft mit auserlesenem Geschmack eingerichtet. Sie ist weltmännisch, für manche vielleicht ein wenig versnobt, und sie legt Wert auf gute Manieren. Sie kann zuweilen schulmeisterlich pedantisch sein, und Katzen-Frauen neigen dazu, ihr meist neuerworbenes Wissen zur Schau zu stellen. Oft hat sie sich sorgfältig auf gewisse Gesprächsthemen vorbereitet, nur um in Gesellschaft mit ihrem Wissen glänzen zu können, während sie vielleicht über andere wichtigere Dinge nichts zu sagen weiß.

Die Katze ist nicht leicht aus der Ruhe zu bringen. Sie liebt keine Aufregung. Sie ist sanft, besonnen und friedlich. Sie ist eher empfindsam als gefühlsvoll, und sie bringt mehr Mitleid für sich selbst auf als für die großen Leiden der Menschheit. Krieg, Hunger und Elend interessieren sie nicht, solange sie nicht selbst davon betroffen ist. Dann allerdings leidet sie so schwer darunter, daß sie völlig verzweifelt und zugrunde gehen kann.

Ihre Tränen fließen leicht, aber sie trocknen schnell. Die Melancholie der Katzen-Frauen gibt ihnen ein gewisses Etwas und trägt viel zu ihrem Charme bei.

Die Katze haßt alles, was Probleme mit sich bringt, ihre Ruhe stört oder ihren Frieden bedroht. Geborgenheit und Harmonie sind ihr unentbehrlich. In diesem Sinne ist sie konservativ.

Da sie äußerst behutsam, sogar ein wenig ängstlich ist, unternimmt sie nichts, ohne sich vorher alles reiflich überlegt und das Für und Wider abgewogen zu haben. Ihre große Vorsicht wird allgemein geschätzt und bewundert, und man schenkt ihr gern Vertrauen.

In Geldsachen hat sie eine glückliche Hand. Sie ist geschickt in der Führung von Geschäften, und wer mit ihr einmal einen Vertrag abgeschlossen hat, wird ihn wohl oder übel einhalten müssen. Sie spekuliert gut und richtig, und sie hat die Gabe, ein gutes Geschäft oder eine günstige Gelegenheit zu wittern. Im Grunde ist die friedliche Katze ein gewiefter Geschäftsmann. Ihr behutsames Wesen, ihr guter Geschmack, ihr charmantes Auftreten und ihr Sinn für Geschäfte verhelfen ihr in vielen Berufen zu großem Erfolg: Handel und Industrie, Bankwesen, Kunst und Kunstgewerbe . . . Sie kann aber auch die juristische oder diplomatische Karriere machen oder sich politisch betätigen, allerdings nur unter der Voraussetzung, daß ihre Ruhe dabei nicht gestört wird.

Die Frauen dieses Zeichens werden sich ausgezeichnet in allen Berufen bewähren, die guten Geschmack, sicheres Auftreten und angenehme Umgangsformen erfordern. Sie wäre die ideale Ehefrau für einen Politiker, denn sie ist diskret und mondän und weiß Gäste zu empfangen. Er wird allen Grund haben, mit ihren guten Eigenschaften zufrieden zu sein, und sie wird sich freuen, im Blickfeld der Gesellschaft zu stehen.

Die Katze ist zärtlich und aufmerksam, sie kann lieben und auch treu sein (denn sie ist tugendhaft), und trotzdem neigt sie dazu, ihre Familie zu vernachlässigen. Sie hat keinen rechten Familiensinn, hängt nicht besonders an ihren Eltern oder Kindern und zieht den Umgang mit Freunden vor, die sie sich ja selbst ausgesucht hat. Der Mutterinstinkt der Katzenfrauen ist nicht sehr entwickelt, aber sie wird trotzdem ihre Pflichten stets erfüllen.

Die Katze versteht sich gut mit der Ziege, deren künstlerische Begabung sie zu schätzen weiß. Sie kann ihr ein bequemes Haus und ein sorgenfreies Leben bieten und wird die Launen der Ziege gelassen hinnehmen. Auch der rechtschaffene Hund und das gewissenhafte Schwein sind gute Partner. Der Hahn mit seinem prahlerischen Auftreten geht der Katze auf die Nerven, und vor der Ratte soll sie sich hüten wie vor der Pest. Mit dem Tiger sind die Beziehungen gespannt, sei es in der Liebe oder im Beruf. Die Katze ist die Schwächere, und sie wird sich immer wieder bei Meinungsverschiedenheiten geschickt aus der Affäre ziehen, denn sie kennt ihren großen Verwandten zu gut, um ihn zu fürchten (siehe Tiger).

Die drei Lebensabschnitte der Katze werden ruhig verlaufen, aber nur unter der Bedingung, daß keine äußeren Umstände auftreten, die ihre Sicherheit bedrohen. Unüberwindliche Hindernisse, dramatische Begebenheiten können sie aus der Bahn werfen. Kriege, Revolutionen und Naturkatastrophen stürzen sie in Verzweiflung, Schicksalsschlägen ist sie nicht gewachsen. Sie kann es nicht ertragen, wenn ihre Ruhe gestört ist. Wehrlosigkeit treibt sie bis in den Wahnsinn, zuweilen in den Tod, oder aber sie gibt alles auf und läßt sich verkommen.

Die Völker Asiens sehen in der Katze Zauberei, und sie

trauen ihr nicht. In Legenden und Volksmärchen kommt es oft vor, daß Hexen sich in Katzen verwandeln. Auch in Europa wurden im Mittelalter Katzen lebendig verbrannt, weil man Hexen in ihnen vermutete. Aber nicht überall hatte sie diesen schlechten Ruf, denn in Ägypten verehrte man sie wie Götter. Auf jeden Fall haben die Augen der Katze etwas Rätselhaftes und Geheimnisvolles.

Oft verbirgt sie hinter ihrer Sanftheit eine unheilvolle Kraft.

Der Drache

1904	16. Februar 1904 bis	4. Februar 1905
1916	3. Februar 1916 bis	23. Januar 1917
1928	23. Januar 1928 bis	10. Februar 1929
1940	8. Februar 1940 bis	27. Januar 1941
1952	27. Januar 1952 bis	14. Februar 1953
1964	13. Februar 1964 bis	2. Februar 1965
1976	31. Januar 1976 bis	17. Februar 1977

龍 *Der Drache oder:*
es ist nicht alles Gold, was glänzt

Der Drache strotzt vor Lebenskraft und Tatendrang. Er ist goldehrlich, zuverlässig, eine ganzer Mann. Er ist keiner Kleinlichkeit oder Scheinheiligkeit fähig – und hat demnach auch nicht das geringste diplomatische Geschick. Er ist zwar nicht so naiv wie das Schwein, aber er ist gutgläubig und vertrauensvoll, und man kann ihn leicht übers Ohr hauen. Er läßt sich von seinen Gefühlen täuschen.

Er scheut keine Mühe, plagt sich viel und fragt sich nie, ob es sich lohnt. Überall sucht er die Vollkommenheit, stellt daher an sich und andere hohe Ansprüche und ist gewissenhaft bis zum Exzeß. Er verlangt viel, aber er gibt auch aus vollen Händen.

Der Drache ist reizbar und starrköpfig. Er hat ein großes Maul, und seine Worte schießen oft über das Ziel hinaus, aber dennoch ist seine Meinung durchaus zu beherzigen, denn sein Rat ist immer gut. In seinem ungestümen Wesen und seinem wilden Enthusiasmus läßt er sich oft hinreißen, verträgt keine Kritik und haßt Kompromisse. Er ist stolz und hat guten Grund dazu, denn er ist intelligent, willensstark, großzügig und für alles begabt. Er hat großen Einfluß, und man hört auf ihn.

Er wird keine Geldsorgen haben und immer im Wohlstand leben, denn er hat in jedem Beruf Erfolg. Er glänzt in allen Laufbahnen, ob er sich der Kunst widmet oder der Wissenschaft, der Kirche, der Armee, der Industrie, der Politik. Jede Sache, für die er sich einsetzt, führt er zum Erfolg. Leider trifft das auch zu, wenn sein Vorhaben schlecht ist. Er ist eine Siegernatur.

Auch in der Liebe hat er Glück. Obwohl er selten liebt, ist er vielbegehrt. Daher kennt er keine Enttäuschungen oder

Liebeskummer. Andererseits steht er oft im Mittelpunkt von Liebesaffären, oder er verursacht ein Drama, ohne selbst innerlich beteiligt zu sein. Die Frauen dieses Zeichens finden viele Verehrer und erhalten zahlreiche Heiratsanträge.

Der Drache bindet sich nicht gern. Er verspürt kein besonderes Bedürfnis, sich zu verheiraten, und oft zieht er das Junggesellendasein vor. Die Einsamkeit stört ihn nicht, er genügt sich selbst, und allein ist er am glücklichsten.

Er könnte mit der Ratte leben, denn die verliebte Ratte wird auch seine Gleichgültigkeit hinnehmen. Natürlich wird die Ratte ihren Vorteil aus einer Verbindung mit dem Drachen ziehen, aber sie kann ihm wiederum mit ihrem kritischen Verstand und ihrer finanziellen Begabung nützen. Das gleiche gilt für die Schlange. Ihr Humor kann die scharfen Kanten des Drachencharakters abrunden. Außerdem bewundert der Drache die Schönheit der Schlangen-Frau und wird sie mit Stolz besitzen.

Der prahlerische Hahn kommt gut mit dem Drachen aus; er wird mit Freude die Brosamen seines Erfolges aufpicken.

Im Beruf und in der Liebe ergänzen sich Affe und Drache. Die Verbindung von List und Macht wird beiden zum Vorteil gereichen, aber nur der Affe ist sich dessen bewußt. Seine Schlauheit ist groß, und er könnte sie dazu benutzen, den Drachen zu übertölpeln. Daher Vorsicht!

Eine Partnerschaft mit dem Tiger wird nicht reibungslos verlaufen. Aber vor allem soll er den Hund meiden, der zu kritisch, pessimistisch und realistisch ist, um an den Drachen zu glauben, und das kann der Drache nicht ertragen.

Im ersten Lebensabschnitt hat der Drache einige Schwierigkeiten, da er an seine Umgebung zu hohe Ansprüche stellt. Er wird z. B. alles mögliche an seinen Eltern auszusetzen haben und sie streng beurteilen. Im zweiten Teil wird seine künstlerische Veranlagung ihm zu schaffen machen. Da er seinen Mitmenschen überlegen ist, wird er sich unverstanden fühlen. Aber er wird auch viel Aufmerksamkeit und Bewunderung finden, und im Vergleich zu seinen Erfolgen werden die kleinen Lästigkeiten sehr gering erscheinen. Und nur weil er ein Vollkommenheitsfanatiker ist, kann er nie zufrieden sein. Trotzdem wird er sehr glücklich sein, wenn er sich dessen erst in der letzten Lebensphase bewußt wird, wenn ihm alle seine Wünsche erfüllt werden.

Der Drache ist ein Glückszeichen. Er verkörpert himmlische Macht und steht in der günstigen astrologischen Konstellation. Er ist das Symbol des Lebens und des Wachstums.

Der Drachen bringt vierfachen Segen: Reichtum, Tugend, Harmonie und langes Leben.

Aber jede Medaille hat ihre Kehrseite. Dem Drachen fällt der Erfolg zwar leichter in den Schoß als jedem anderen, aber vergessen wir nicht, daß er ein Fabeltier und daher reine Illusion ist.

Der Drache steht Tag für Tag in seinem Glanz, aber seine Pracht blendet nicht, und seine starke Persönlichkeit ist ein Schein. Er hat keine Wirklichkeit. Er ist ein Paradetier, eine Kunstfigur, eine Art mächtiger unbeweglicher Popanz. Er sprüht Feuer, Gold oder Wasser, je nach Bedarf, aber am Ende des Festes wird er verbrannt, um beim nächsten Fest, wie der Phönix aus seiner Asche, wieder aufzuerstehen.

Der Drache ist ein Fabeltier.

Die Schlange

1905	4. Februar 1905 bis 25. Januar 1906
1917	23. Januar 1917 bis 11. Februar 1918
1929	10. Februar 1929 bis 30. Januar 1930
1941	27. Januar 1941 bis 15. Februar 1942
1953	14. Februar 1953 bis 3. Februar 1954
1965	21. Februar 1965 bis 21. Januar 1966
1977	18. Februar 1977 bis 6. Februar 1978

蛇 *Die Schlange –*
weise und verführerisch

Die Schlange ist ein geheimnisvolles Tier, und bei allen Völkern der Erde mißt man ihr eine besondere Bedeutung zu; im bösen oder im guten Sinn. Falsch wie eine Schlange, giftige Schlange, wer eine Schlange am Busen nährt usw.: das ist die schlechte, die unheimliche Seite. Andererseits wird in zahllosen Legenden und Märchen die Weisheit der Schlangen gepriesen. Sie im Haus zu haben bringt Segen, sie schützt vor Krankheit und Unheil, und oft ist sie eine verwandelte Prinzessin.

Unsere Schlange wird als ein weises, scharfsinniges, willensstarkes und liebreizendes Wesen verehrt. Der Schlangen-Mann ist charmant, gefühlvoll und von angenehmem Umgang. Er ist klug und hat Sinn für Humor. Die Schlangen-Frau ist anmutig, und ihre Schönheit verhilft ihr oft zu großem Erfolg (Grace Kelly, Jacqueline Kennedy und Kaiserin Farah Diba sind Schlangen). Wenn man in Japan einer Frau ein Kompliment machen und ihre Schönheit preisen will, sagt man ihr, sie sei schön wie eine Schlange. Das gilt als auserlesene Schmeichelei, aber bei uns würde es vielleicht nicht so gut ankommen.

Die Schlange kleidet sich mit Eleganz und Sorgfalt, manchmal ein wenig auffällig. Der Mann ist oft etwas stutzerhaft, und die Frau liebt modische Raffinessen.

Die Schlange ist nicht schwatzhaft und wenig gesprächig. Dafür denkt sie um so mehr. Sie ist intellektuell veranlagt, stellt philosophische Betrachtungen und erreicht große Weisheit. Daneben besitzt sie eine starke Intuition, manchmal sogar Hellsichtigkeit. Sie verläßt sich daher stets auf ihre eigenen Eindrücke, auf ihr Vorgefühl, ihre Eingebungen, ihre Sympathien, während Tatsachen, Erfahrungen, Ratschläge und Urteile sie wenig beeindrucken. Sie scheint einen sechsten Sinn zu haben.

Fest entschlossen, ihr Ziel zu erreichen, wird sie unerbittlich vorgehen und trifft rasche Entscheidungen. Was sie sich
einmal vorgenommen hat, muß ihr gelingen; sie verträgt keine Niederlage, verzeiht sich keinen Mißerfolg . . . Sie ist ein
schlechter Verlierer.

Die Schlange liebt Geld und Besitz, und sie ist nicht bereit,
ihren Reichtum zu teilen. Sie verleiht kein Geld, bringt aber
viel Mitgefühl auf und kann durchaus hilfsbereit sein. Einem
Freund in Not wird sie mit Rat und Tat – auch unter Einsatz
ihrer ganzen Person – beistehen, aber nie mit klingender
Münze. Zuweilen übertreibt sie ihre Hilfsbereitschaft und ihre guten Absichten und kann geradezu aufdringlich werden.
Und ihre Hilfe wird leicht zur Last. Sie ergreift von ihrem
Schützling Besitz, und mit wahrem Schlangeninstinkt wird
sie ihn so fest einrollen, bis der Arme sich nicht mehr rühren
kann und vielleicht erstickt. Deshalb überlegen Sie es sich
vorher gründlich, bevor Sie sich von einer Schlange einen
Dienst erweisen lassen. Sie könnten es bereuen.

In Geldsachen hat die Schlange Glück. Sie braucht sich darüber keine Sorgen zu machen, und das weiß sie. Sie verdient
es leicht, legt es gut an, gibt es nicht aus und – wie bereits
gesagt – verleiht es auch nicht. «Mein ist mein» ist ihre Devi-
se, und im Alter könnte sie ein ausgesprochener Geizhals
werden.

(Man denkt unwillkürlich an die vielen Sagen und Legenden, in denen große Schätze von Schlangen gehütet werden.)

Sie eignet sich für alle Berufe, in denen man gut verdienen
kann, aber sie verträgt kein Risiko und keine allzu harte Arbeit – denn die Schlange ist von Natur aus faul.

In der Liebe ist die Schlange besitzergreifend und eifersüchtig, auch wenn sie selbst nicht oder nicht mehr liebt. Auch
hier rollt sie sich um ihr geliebtes Opfer, umschlingt es so
fest, daß es sich nicht mehr bewegen kann – und das tut sie oft
nur aus Laune, denn im Grunde ist die Schlange untreu. Der
Schlangen-Mann ist ein Schürzenjäger. Er gefällt durch Witz
und Eleganz, die Schlangen-Frau durch Schönheit und Charme. Mann oder Frau, die Schlange neigt zu Seitensprüngen

und kann sich ihr Leben dadurch sehr komplizieren. Wenn es ihr gelingt, sich in dieser Beziehung zu beherrschen und ihre ganze Zuneigung ihrer Familie zu widmen, wird sie sich viel Ärger und Sorgen ersparen, und ihr Leben wird harmonischer verlaufen. Das ist die Stelle, wo der Schuh sie drückt.

Die Schlange hat oft eine zahlreiche Familie, vielleicht als ein Mittel, dem Partner seine Bewegungsfreiheit zu nehmen.

Mit dem Büffel führt sie eine gute Ehe. Er nimmt gern eine große Familie in Kauf, solange er der Herr im Hause ist – und diese Rolle überläßt ihm die Schlange gern.

Eine Verbindung mit dem Hahn in der Ehe, in Partnerschaft oder im Beruf wird manchen Streit mit sich bringen, aber letzten Endes sind sie geeignet, sich gegenseitig ihre Fehler zu korrigieren.

Aber wehe dem Schwein, das der Schlange in die «Finger» gerät! Es wird sich völlig einwickeln lassen, in Hörigkeit verfallen und alles erdulden – ein wehrloses gefesseltes Opfer, während die Schlange nun ungestraft in Fülle ihre allerschlechtesten Eigenschaften genießen kann.

Die Schlange hüte sich vor dem Tiger. Er kann sie vernichten.

Die ersten beiden Lebensabschnitte sind verhältnismäßig ruhig. Aber Vorsicht vor dem dritten: Ihre unbeständigen Gefühle und ihr Hang zu Liebesabenteuern können ihr manche Schwierigkeiten bereiten, obwohl sie – wenn sie sich zu beherrschen weiß – ein ruhiges Alter verbringen wird.

Das Leben der Schlange hängt ganz davon ab, ob sie im Sommer oder im Winter, tags oder nachts geboren ist. Sogar das Wetter bei ihrer Geburtsstunde spielt eine entscheidende Rolle. Sie braucht Wärme und Geborgenheit. Kälte, Frost, Regenschauer, Sturm und Gewitter sind ihr schädlich. Ist sie in einem warmen Land um die Mittagszeit bei schönem Sonnenschein geboren, so wird sie glücklicher sein, als wenn sie in einer kalten stürmischen Winternacht das Licht der Welt erblickte. Ihr Schicksal steht so stark unter dem Einfluß des Wetters, daß eine während eines Sturms geborene Schlange ständig in Lebensgefahr ist.

Letzten Endes trägt die Schlange alle Charakteristiken, die man ihr – im guten wie im bösen Sinne – beimißt. Weisheit, bis zur Hellsichtigkeit gehende Intuition, Wendigkeit, Grazie und Anmut. Sie beherrscht die Kunst des Verführens, aber auch die des Erwerbens und Hütens von Schätzen, kurz – sie ist sowohl die Schlange am Stabe des Aeskulap als die aus dem Paradies.

Das Pferd

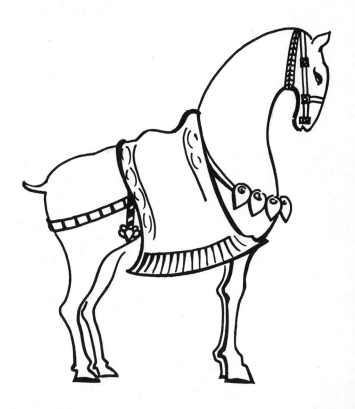

1906	25. Januar	1906 bis 13. Februar 1907
1918	11. Februar	1918 bis 1. Februar 1919
1930	30. Januar	1930 bis 17. Februar 1931
1942	15. Februar	1942 bis 5. Februar 1943
1954	3. Februar	1954 bis 24. Januar 1955
1966	21. Januar	1966 bis 9. Februar 1967
1978	7. Februar	1978 bis 27. Januar 1979

馬 Das Pferd,
ein ehrlicher Mensch

Das Pferd ist stattlich, gut aussehend und elegant. Es hat ein sicheres Auftreten, ist stets gut gekleidet, man trifft es auf Veranstaltungen, im Theater, im Konzert und auf Sportplätzen. Es läßt sich gern unter Leuten sehen. Oft übt es auch selbst einen Sport erfolgreich aus. Es ist gesprächig, jovial, galant, sympathisch, zuvorkommend, wohlerzogen und allgemein beliebt. Die Politik liegt ihm besonders, denn da kann es große Reden halten, und es ist sehr sprachgewandt. Es hat Geschick im Umgang mit Menschen und es hat stets das Publikum auf seiner Seite.

Es ist schlagfertig, errät rasch die Gedanken seiner Gesprächspartner und kann ihnen mit Für- und Widerrede stets zuvorkommen.

Das Pferd ist sowohl geistig als körperlich begabt. Aber es hat mehr Geschicklichkeit als Intelligenz, und da es sich dessen bewußt ist, fehlt es ihm manchmal an Selbstvertrauen. Es ist nicht so stark, wie es aussieht.

Es ist heißblütig und ungeduldig, und wenn es sich hinreißen läßt, «durchzugehen», so kann es sich damit viel verscherzen. Wer einmal einen seiner Wutausbrüche erlebt hat, wird sehr ernüchtert sein und ihm nicht mehr viel Vertrauen schenken, denn in seinem Zorn ist das Pferd kindisch und tölpelhaft. Es sollte also versuchen, sich stets zu beherrschen, wenn es im Leben es zu etwas bringen will.

Überdies ist das Pferd ein Egoist. Rücksichtslos tritt es alles, was ihm im Weg steht, nieder, um seinen maßlosen persönlichen Ehrgeiz zu befriedigen. Prinzipiell interessiert es sich nur für seine eigenen Probleme, auch wenn es sich gelegentlich mit großem Mut für andere einsetzen kann. Es hat einen starken Unabhängigkeitsdrang, handelt nur nach eigenem Ermessen und hört auf keinen Rat und keine Zurede. Schon im Elternhaus fühlt es sich eingeengt, und es täte gut daran, sich früh selbstständig zu machen. Hat es einmal seine eigene Familie gegründet, so wird es seinem Haus Segen bringen. Es wird im Mittelpunkt stehen, und alles wird sich nach seinen Wünschen richten. Hat es Schwierigkeiten oder tauchen Probleme auf, so wird man ihm beistehen, man wird um sein Wohlbefinden besorgt sein, es wird stets frisch gebügelte Hemden, sauber geputzte Schuhe haben, und kein Knopf wird an seinem Anzug fehlen. Einerseits braucht das Pferd solche Pflege, es wird zufrieden und bei guter Stimmung sein, und andererseits ist diese Sorgfalt begründet, denn solange das Pferd im Haus ist, bietet es seiner Familie Schutz und Segen. Verläßt es sie oder stirbt es, so bricht das Gebäude wie ein Kartenhaus zusammen. Denn wenn dieser Egoist auch eigentlich nur an sich selbst und an seinen eigenen Erfolg denkt, bringt seine Arbeit allen Nutzen und Wohlstand.

Das selbstbewußte Pferd ist ein guter Arbeiter und geschickt im Umgang mit Geld. Es hat sogar eine ausgesprochene finanzielle Begabung, aber leider ist es auch launisch und unbeständig und wird leicht einer Sache überdrüssig, sowohl im Beruf als auch in seinen Liebesbeziehungen. Aber immer wieder wird es mit Eifer und Erfolg etwas Neues beginnen. Es eignet sich für jeden Beruf, bei dem es mit Menschen in Kontakt ist und nicht viel nachzudenken braucht.

Das Pferd hat einen starken, nach außen gerichteten Geltungstrieb; es braucht anerkennende Zustimmung, Lob und Schmeichelei – und es verträgt keine Einsamkeit.

In seinen Beziehungen zum anderen Geschlecht ist das Pferd unstet und schwach. Wenn es verliebt ist, kann es völlig den Kopf verlieren, gibt seine Arbeit auf und vernachlässigt seine Pflichten. Es ist leidenschaftlich und unbesonnen.

Daher kann es trotz all seiner guten Eigenschaften sein Leben verpfuschen. Gelingt es ihm jedoch, seine Zügellosigkeit zu beherrschen, und stellt es seinen Ehrgeiz über seine Leidenschaft, so wird es glücklich und erfolgreich sein.

Das Pferd versteht sich gut mit der Ziege. Als Gefährten können sie sehr unternehmungslustig sein und sich zuweilen bis an den Rand des Abgrunds bewegen. Die Sprunghaftigkeit und die Launen der Ziege stören das Pferd nicht. In seinem Egoismus wird es sie nicht einmal bemerken.

Mit dem Tiger und dem Hund kommt es aus Gründen der Gegenseitigkeit nicht schlecht zurecht. Tiger und Hund sind so mit ihren großen Aufgaben beschäftigt, daß sie den amourösen Eskapaden des Pferdes keine Wichtigkeit beimessen und es sein Leben genießen lassen.

Auf keinen Fall sollte es eine Ratte heiraten; und eine Ehe zwischen einem Ratten-Mann und einer Feuerpferd-Frau würde unweigerlich zu einer Katastrophe führen. Aber glücklicherweise werden Feuerpferde nur alle sechzig Jahre geboren (1906, 1966), und das verringert die Gefahr um einiges.

Die ersten beiden Lebensabschnitte sind unruhig und bewegt. Das Pferd verläßt früh sein Elternhaus, was nicht immer ohne Schwierigkeiten und Verdruß zugeht. In der Liebe wird ihm seine unbesonnene Leidenschaftlichkeit viel zu schaffen machen. Der dritte Lebensabschnitt dagegen wird ruhig und friedlich verlaufen.

Wenn wir vom Pferd reden, müssen wir auch das Feuerpferd erwähnen, das alle sechzig Jahre erscheint (1846, 1906, 1966 . . .). Diese Jahre sind äußerst ungünstig für alle Pferde und ihre Familienangehörigen. In Asien sind die Jahre des Feuerpferdes so gefürchtet, daß die Geburt eines Kindes als ein Unglück angesehen wird. Man sagt auch, daß in diesen Jahren die Frauen keine Männer finden und daß im allgemeinen Ehen und Familien gefährdet sind. Bringt das Pferd dem Heim 59 Jahre lang Segen, so können jetzt Not, Krankheit und Unfälle über die Seinen kommen.

Die Feuerpferd-Menschen haben dieselben Eigenschaften wie das Pferd, nur in weit ausgeprägterem Maße. Sie sind tüchtiger, fleißiger, geschickter, begabter und unabhängiger, dafür aber auch egoistischer, leidenschaftlicher und rücksichtsloser und können mit ihrer unbezähmbaren Wildheit großes Unheil anrichten. Übrigens sind die Meinungen über das Feuerpferd geteilt. Wird einerseits behauptet, das Feuerpferd bringe größeren Segen als das gewöhnliche Pferd, so sagen andere, es stürze seine Familie ins Unglück. Aber letztere Annahme stützt sich auf keinen Beweis.

Jedenfalls ist das Schicksal des Feuerpferdes gefahrvoller, ereignisreicher und ungewöhnlicher als das des normalen Pferdes, und es birgt die Möglichkeit großen Ruhms oder großer Schande, je nachdem, wie es sein Leben meistert.

Die Ziege

1907	13. Februar 1907 bis	2. Februar 1908
1919	1. Februar 1919 bis	20. Februar 1920
1931	17. Februar 1931 bis	6. Februar 1932
1943	5. Februar 1943 bis	25. Januar 1944
1955	24. Januar 1955 bis	12. Februar 1956
1967	9. Februar 1967 bis	29. Januar 1968
1979	28. Januar 1979 bis	. . .

Die kapriziöse Ziege

Die Ziege ist elegant, künstlerisch und in sich selbst verliebt, sie könnte das charmanteste aller Zeichen sein, wenn sie nicht ebenso zögernd, bockig, sprunghaft und meckerig wäre. Sie ist nie mit ihrem Schicksal zufrieden und macht durch ihre Launen den anderen das Leben schwer. Sie ist anspruchsvoll und rücksichtslos, ohne daß sie sich dessen bewußt ist. Ihre Undiszipliniertheit und ihr ewiges Zuspätkommen (sie hat nicht das geringste Zeitgefühl) machen sie unerträglich. Dabei versteht sie es zu gefallen, wenn sie will. Sie profitiert gern von ihren Mitmenschen und lebt bisweilen ganz auf deren Kosten.

Sie ist anlehnungsbedürftig und unselbstständig, findet sich aber in jeder Lebenslage zurecht, sobald man ihr ein Minimum an Sicherheit gibt.

Sie ist schüchtern, mädchenhaft scheu, manchmal etwas effeminiert, stets bereit, ihr Leid zu klagen, und sie hat es gern, wenn man sie beachtet, von ihr spricht, sie leitet, ihr beisteht und ihr Ratschläge erteilt. Dennoch ist sie stets unentschlossen, zögert herum, macht allerlei Ausflüchte und jammert über schlechte Zeiten oder ein Unrecht, das man ihr zugefügt hat. Sie kann sich nicht entscheiden und verläßt sich immer auf andere. Ihr Pessimismus kommt ihrem Charakter sehr gelegen, denn er ist ein Vorwand für ihr ewiges Zaudern.

Sie benimmt sich sittsam, artig und sanft, aber dahinter steckt sie voller Launen und Kaprizen. Manchmal ist sie fromm, aber sie folgt ihrem Glauben nur so weit, wie es ihre Sicherheit und ihre Bequemlichkeit zulassen. Störungen oder Veränderungen in ihrem Leben läßt sie nicht zu. Sie hat auch einen Hang zum Okkultismus, zum Aberglauben; sie liebt das Phantastische, Überwirkliche, geht zu Wahrsagerinnen, Graphologen – und liest Horoskope.

Die Ziege ist «ein guter Kerl». Sie kann uneigennützig sein und ist hilfsbereit. Leider ist das, was sie gibt, nicht immer ihr Eigentum. Zu ihrer Rechtfertigung muß allerdings gesagt werden, daß Besitz ihr nichts bedeutet.

Die Ziege läßt sich leicht festbinden, aber sie zieht am Strick. Der Volksmund sagt, daß eine Ziege, die auf einer üppigen Weide angebunden ist, ruhig und geduldig ist, während eine Ziege auf einer dürftigen Weide nicht aufhören wird zu meckern und zu jammern. Sie gebärdet sich ganz so, als hinge ihr Leben nicht von ihr selbst ab, sondern von ihren Mitmenschen oder vom Zufall. An allem, was ihr passiert oder mißlingt, ist immer jemand anders schuld. Ihre Unaufrichtigkeit ist geradezu erschütternd. Sie kennt kein Verantwortungsgefühl, ergreift keine Initiative und hat kein keinen eigenen Willen. Es kann wohl geschehen, daß sie gelegentlich versucht herumzukommandieren, aber niemand wird sie ernst nehmen. Ihrer Natur nach ist sie zum Gehorchen geschaffen, und unter einer guten Führung kann sie durchaus, z. B. in einem künstlerischen Beruf, Erfolg haben, denn sie hat Talent und Geschmack. Sie eignet sich auch für technische Berufe, in denen sie ihre Geschicklichkeit und ihre Intelligenz anwenden kann. Sie wird zwar nie die erste Geige spielen, aber sie kann ein ausgezeichneter Partner sein – wenn auch nicht immer ein bequemer. Sie ist nun einmal kein Chef. Sie braucht eine starke führende Hand.

Das Zeichen der Ziege ist durch Weiblichkeit gekennzeichnet. Erziehung und Tradition haben uns daran gewöhnt, es natürlich zu finden, daß Frauen keine Unabhängigkeit vertragen. Die Ziege möchte in Sicherheit leben, und sie träumt von einem reichen Ehepartner, von einer vorteilhaften Verbindung oder einem großzügigen Mäzen.

Sie kann auch bei reichen Verwandten leben. Sie hat etwas von der Natur der Kurtisanen. Schlimmstenfalls kann aus ihr eine Dirne, ein Zuhälter oder ein Parasit werden, ebenso aber auch ein großer Künstler, ein Schriftsteller. Alles hängt davon ab, welchen Einflüssen sie unterworfen ist – kurz, es kommt darauf an, ob das Gras auf ihrer Weide saftig oder trocken ist.

Von Geschäften sollte sie ihre Finger lassen. Sie ist ein schlechter Verkäufer, wird nervös, schwatzt wirr durcheinander, wirkt linkisch, verheddert sich in ihren Argumenten, redet zu langsam oder zu schnell und neigt zum Stottern.

Auch für den Krieg ist sie ungeeignet: Sie ist weder ein Eroberer noch ein Führer, nicht einmal ein guter Soldat . . .

Wenn einer Ziege alles schiefgegangen ist, kann sie verkommen und als Landstreicher oder Pennbruder enden.

Dank ihrer Fähigkeit, immer an der richtigen Tür anzuklopfen, wird die Ziege keine ernsthaften Schwierigkeiten in bezug auf das I-Shoku-Ju (japanischer Begriff für Kleidung, Essen und Bequemlichkeit) haben.

Wer ein komfortables Landhaus besitzt und oft Künstler zu Gast hat, sollte vorsichtig sein, wenn er eine Ziege einlädt. Sie könnte sich einnisten, und man würde sie nie mehr los. Denn dort wäre ihr alles geboten, was sie braucht: Bequemlichkeit für ihre Ruhe, der Umgang mit Künstlern als Anregung und das Landleben – das die Ziege natürlich besonders liebt.

Das Liebesleben der Ziege ist bewegt und abwechslungsreich. Aber wirklich ernsthafte Schwierigkeiten treten nicht auf.

Solange die Ziege sich mit der Katze, dem Schwein oder dem Pferd verbindet, ist alles gut. Sie können ihr aus verschiedenen Gründen das I-Shoku-Ju bieten. Die Katze wird sich über ihre Launen amüsieren, das Schwein wird sie ertragen (wenn es nicht zu schlimm wird), und das egoistische Pferd wird sie nicht als störend empfinden.

Kein anderes Zeichen kann die Ziege ertragen, am wenigsten den Büffel. Wenn der Büffel seiner Familie Sicherheit gibt, verlangt er dafür viele Gegenleistungen, und die Ziege bietet nichts als sich selbst.

Eine Verbindung zwischen Ziege und Hund ist sowohl in der Liebe als auch im Beruf zum Scheitern verurteilt. Diese beiden Pessimisten würden das Zusammenleben als Bürde empfinden und wären ewig miteinander unzufrieden.

Mit wem auch immer sich die Ziege verbindet, sie wird auf keinen Fall die Hosen tragen.

Ihr zweiter Lebensabschnitt wird aus amourösen Gründen sehr bewegt verlaufen, aber im ersten und dritten wird sie viel Glück haben.

Merken wir uns vor allem: Um Erfolg zu haben, braucht die Ziege eine fette Weide, Sicherheit und guten Rat.

Der Affe

1908	2. Februar 1908 bis 22. Januar 1909
1920	20. Februar 1920 bis 8. Februar 1921
1932	6. Februar 1932 bis 26. Januar 1933
1944	25. Januar 1944 bis 13. Februar 1945
1956	12. Februar 1956 bis 31. Januar 1957
1968	29. Januar 1968 bis 16. Februar 1969

猴 Schlau wie ein Affe

Es ist das launenhafteste aller Zeichen. Der Affe ist schalkhaft, zu Späßen aufgelegt, hat Humor und manchmal sogar Geist und ist immer verschlagen. Der Affe ist gesellig, nach außen hin scheint er sich mit jedem zu verstehen, aber das ist oft nur Taktik: Er ist sehr selbstsüchtig. Er ist stets lustig, liebenswürdig und sogar hilfsbereit. Aber hinter seiner unleugbaren Leutseligkeit verbirgt er oft die schlechte Meinung, die er von seinen Mitmenschen hat. Er verachtet alle anderen Zeichen und glaubt sich daher auch allen überlegen. Er ist eitel und eingebildet.

Der Affe ist ein Intellektueller. Er ist sehr wißbegierig. Er ist vielbelesen, kennt sich in allem aus und weiß, was in der Welt vor sich geht. Er ist gebildet, sogar gelehrt und hat ein so gutes Gedächtnis, daß er sich bis in die kleinsten Details an alles, was er gelesen oder gehört hat, erinnert. Er braucht übrigens sein gutes Gedächtnis, denn er ist sehr unordentlich.

Da er erfinderisch und äußerst originell ist, meistert er mit Leichtigkeit die schwierigsten Probleme. Aber wenn er eine Sache nicht sofort in Angriff nehmen kann, läßt er von ihr ab – noch ehe er damit begonnen hat.

Der Affe hat einen gesunden Menschenverstand und eine erstaunliche Begabung, andere zum Narren zu halten. Sogar den mächtigen, intelligenten und geschickten Drachen kann er überlisten, und den gefürchteten Tiger führt er an der Nase herum.

Der Affe ist diplomatisch, sehr schlau und weiß sich aus jeder unangenehmen Affäre zu ziehen. Er läßt sich zu nichts zwingen, denn er will unabhängig und frei sein und entscheidet selbst über das, was er tun oder lassen will.

Er ist ziemlich skrupellos und scheut vor Lüge und Unaufrichtigkeit nicht zurück, wenn es seiner Sache nützt. Er kann auch Unehrlichkeiten und Betrügereien begehen, solange er annehmen kann, daß er straffrei ausgehen wird, denn der Affe wird selten erwischt. Manche Affen haben ein so elastisches Gewissen, daß sie es bis zum Diebstahl treiben, aber wenn auch nicht alle Affen Diebe sind, so sind sie durchweg Lügner.

Und doch kann man ihm nie richtig böse sein, denn er hat einen unwiderstehlichen Charme, und er ist ein Meister in der Kunst, sich beliebt zu machen.

Der Affe ist ein erfolgsbessener Streber, und er hat die größten Chancen, sein Ziel zu erreichen, sei es durch Scharfsinn und Intelligenz – oder durch Lüge und Skrupellosigkeit. Er ist schlau und geschickt, denkt schnell, steckt voller Unternehmungslust, und sein Gewissen ist leicht zu befriedigen. Er kann in allen Berufen erfolgreich sein. Im Handel, in der Industrie, in der Politik, überall fühlt er sich wie ein Fisch im Wasser. Bei höherer Bildung kann er es zu Ruhm und Ehren bringen, wenn er bei der Sache bleibt und seine Geschwätzigkeit nicht übertreibt.

Hie und da könnte er in finanzielle Schwierigkeiten geraten, er wird aber im allgemeinen wohlsituiert sein.

In der Liebe hat er weniger Glück. Seine Beziehungen zum anderen Geschlecht sind schwankend und wechselhaft. Da er überschwenglich ist, verliebt er sich leicht, wird aber bald eines Partners überdrüssig und ist ständig auf der Suche nach neuen Objekten. Aber er ist zu unbeständig und flatterhaft, zu kritisch und hellsichtig, um eine feste Bindung einzugehen, und nur selten findet er ein dauerhaftes Glück. Sein Humor allein rettet ihn oft aus der Verzweiflung. Er hat die Gabe, über sein eigenes Mißgeschick lachen zu können und aus seinen Erfahrungen die notwendigen Schlüsse zu ziehen.

Der Affe kommt gut mit dem Drachen aus. Die List des Affen und die Macht des Drachen sind eine gute Verbindung. Sie können gemeinsam Geschäfte machen, aber der Affe wird immer den Hintergedanken haben, der Schlauere zu sein.

Auch die Ratte ist ein guter Partner. Sie findet ihn faszinierend und wird ihn ihr ganzes Leben lang leidenschaftlich lieben, auch wenn ihre Liebe nicht erwidert wird.

Der Affe macht sich gern über den Tiger lustig und treibt seinen Spott mit ihm, aber er sollte sich lieber vorsehen. Jede Verbindung mit dem Tiger, sei es eine Liebesbeziehung oder eine geschäftliche Partnerschaft, ist Dynamit. Der Affe mag über den Tiger und sein extravagantes Wesen lachen, aber er riskiert seine Haut dabei.

In guter oder schlechter Ehe wird der Affe im allgemeinen viele Kinder haben.

Die erste Lebensphase ist glücklich. Die zweite ist stürmisch und wechselhaft. Seine Pläne werden oft durchkreuzt oder mißlingen. Der dritte ist ruhig, aber im Alter wird er einsam sein, und er wird fern von seiner Familie sterben, mitunter an den Folgen eines Unfalls . . .

Der Hahn

1909	22. Januar 1909 bis 10. Februar 1910
1921	8. Februar 1921 bis 28. Januar 1922
1933	26. Januar 1933 bis 14. Februar 1934
1945	13. Februar 1945 bis 2. Februar 1946
1957	31. Januar 1957 bis 16. Februar 1958
1969	17. Februar 1969 bis 5. Februar 1970

Der Hahn,
Abenteurer der Bauernhöfe

In Indochina nennt man es auch das Zeichen des Huhns, was aber weniger auf den Charakter unseres Gockels paßt. Daher nennen wir ihn lieber «Hahn» wie die Japaner. Denn dieser Träumer besteht darauf, ernst genommen zu werden, und er liebt Schmeicheleien. Der Hahn redet gern ein offenes Wort, frei von der Leber weg, und dabei wird er zuweilen ausfallend, unverschämt, grob und aggressiv. Das könnte ihm schlecht bekommen, wenn die Angeschrienen seine Worte nicht seiner Offenheit und seinem Hang zum Übertreiben zuschrieben. Aber sie irren sich. Zwar ist der Hahn durchaus offen. Er sagt, was er denkt und wie ihm der Schnabel gewachsen ist. Aber diese Offenheit ist eine Form des Egoismus: Es ist ihm ganz egal, ob er die Gefühle anderer verletzt, er hat keine Ursache, irgend jemanden zu schonen. Damit hat er sich zumindest die diplomatische Karriere versperrt.

Seine Exzentrizität ist rein äußerlich. Gewiß liebt er es, sich auffällig zu kleiden und sich sehen zu lassen, aber in Wirklichkeit ist er absolut und im Grunde seines Wesens konservativ, stockkonservativ bis in seine politische Meinungen, auch wenn es ihm schadet. Er ist immer fest überzeugt davon, daß er recht hat und daß er genau weiß, was er tut. Er vertraut niemandem und verläßt sich nur auf sich selbst. Dagegen erteilt er großzügig Ratschläge.

Gewiß, er tritt tollkühn und verwegen auf, aber lassen wir uns nicht täuschen. Er steckt voller absurder und unausführbarer Pläne und gefällt sich in Phantastereien. Er liebt es zu träumen, zu grübeln, zu meditieren, er bildet sich ein, ein Held zu sein, aber es ist nur ein Traum, den er in der Geborgenheit eines warmen Kämmerleins träumt. Er ist ein Zimmerphilosoph mit wenig Hang zu unüberlegten Taten.

Der Hahn ist nicht furchtsam, ganz im Gegenteil. Wenn ihm der Kamm schwillt, kann er mutig sein, sehr mutig sogar, wenn es nötig ist. Er kann sein Leben mit einem Lächeln aufs Spiel setzen. Daher ist er ein guter Krieger.

Man findet ihn im allgemeinen interessant, er kann aber leicht enttäuschen, wenn er sich gehenläßt. Denn er prahlt gern, übertreibt und redet mehr, als er zu sagen hat. In Gesellschaft ist er oft ein glänzender Unterhalter und wirkt dort angenehmer als in der Intimität.

Seinem träumerischen Temperament nach könnte er zur Faulheit neigen – aber ganz im Gegenteil ist er ein großer Arbeiter. Er gibt sich ganz seiner Arbeit hin und möchte immer mehr leisten, als er kann. Wenn er etwas unternimmt, was über seinen Kräften steht, und wenn es ihm trotz härtester Anstrengung nicht gelingt, ist er verzweifelt und enttäuscht. Übrigens tut er gut daran, seinem Arbeitseifer nachzugehen, denn ihm fallen keine gebratenen Tauben in den Mund. Er muß sich sein Geld hart verdienen, und wenn er auf gutem Boden scharrt, kann er es zu Reichtum bringen. Aber auch aus dem undankbarsten Erdfleck kann er Nutzen ziehen. Die Vietnamesen sagen, daß der Hahn auch in der Wüste einen Wurm findet, wenn er lange genug scharrt. Dieser Vergleich charakterisiert seine ständige Unruhe . . . Sollte aber ein Hahn sich ganz seinen Träumen hingeben und richtig faulenzen, was ihm auch gefallen würde, so könnte er einer jener malerischen philosophierenden Pennbrüder werden, die in den Müllkübeln herumstöbern. Schließlich wäre das auch eine Art aufzufallen.

Der Hahn ist für die Landwirtschaft und für alle Berufe geeignet, die ihn mit anderen in Kontakt bringen. Er liebt prunkvolle Aufmachung.

Da er verschwenderisch ist, wird er alles ausgeben, was er verdient, und wird sich sogar in große finanzielle Risiken einlassen. Er wird oft am Rande des Konkurses, des Ruins oder der Katastrophe stehen, weil er zu viel geträumt hat . . . Er wird nie etwas auf die Seite legen.

In der Liebe wird er sich sehr anstrengen müssen, um die

Zuneigung der geliebten Person zu gewinnen – und um sie zu erhalten. Er wird oft enttäuschen, denn seine Träume vom Glück entsprechen nie der Wirklichkeit des grauen Alltags. Trotzdem bleibt er treu und aufrichtig.

Der Hahn-Mann gefällt sich besonders in Gesellschaft der Frauen, vor denen er glänzende Gespräche führen, umherstolzieren, galant sein und ihnen den Hof machen kann. Dort fühlt er sich wohl wie «der Hahn im Korb». Aber es bleibt unverbindlich. Hingegen findet er wenig Geschmack an Herrenpartien und Stammtischrunden. Männer langweilen ihn.

Die Hahn-Frau liebt die Gesellschaft anderer Frauen und die Berufe, die sie mit Frauen in Kontakt bringt.

Der Hahn wird sein Glück mit dem Büffel finden, der Sinn für Familie und Tradition hat. Mit der Schlange könnte er philosophische Diskussionen führen. In der Liebe und im Beruf kann die Weisheit der Schlange ihm nützen; aber die Schlange sollte sich vor dem Hahn in acht nehmen und ihm nicht die Schau stehlen.

Er könnte sie vernichten.

Der Drache könnte den Hahn – besonders die Hahn-Frau – glücklich machen und zum Erfolg verhelfen.

Vorsicht vor der Katze! Die Katze verträgt nicht die Prahlereien und die auffällige Kleidung des Hahnes. Sie verachtet ihn.

Alle Lebensabschnitte des Hahnes zeichnen sich durch Höhe- und Tiefpunkte aus, sowohl im Beruf als auch in der Liebe. Er wird die Armut und den Reichtum, die ideale und die schäbigste Liebe kennenlernen. Auf seine alten Tage hin wird er glücklich sein.

Der Volksmund sagt, daß zwei Hähne in einem Haus das Leben unerträglich machen. Haben Sie schon einen Hahn in der Familie, so achten Sie auf das Jahr des Hahns (das nächste ist 1981), wenn Sie Familienzuwachs planen.

Der Hund

1910	10. Februar 1910 bis 30. Januar 1911
1922	28. Januar 1922 bis 16. Februar 1923
1934	14. Februar 1934 bis 4. Februar 1935
1946	2. Februar 1946 bis 22. Januar 1947
1958	16. Februar 1958 bis 8. Februar 1959
1970	6. Februar 1970 bis 26. Januar 1971

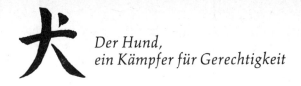

Der Hund, ein Kämpfer für Gerechtigkeit

Unruhe kennzeichnet das Wesen des Hundes. Mit gespitzten Ohren lauert er auf Gefahren, ist immer in Abwehrstellung, immer auf dem Quivive, bereit zum Sprung, wachsam und verschwiegen und findet keine Ruhe. Er ist verschlossen und geht nur aus sich heraus, wenn er es für absolut notwendig hält. Er weiß genau, was er will, ist eigensinnig und starrköpfig. Er kann zynisch sein, und seine bissigen Bemerkungen sind gefürchtet.

Bisweilen neigt er dazu, sich in Einzelheiten zu verlieren, an allem herumzukritisieren und überall ein Haar in der Suppe zu suchen. Er ist der geborene Pessimist, der nichts vom Leben erwartet, aber obgleich er ein wenig blasiert ist, bewahren ihn sein scharfer kritischer Verstand, sein Sinn für das Lächerliche und seine unleugbare Seelengröße vor Kleinlichkeit.

Gegen Ungerechtigkeit reagiert er stets mit großem Mut.

Dieser Einzelgänger haßt Menschenansammlungen. In der Liebe ist er scheinbar kühl, aber nur scheinbar: Er ist ungeduldig und besorgt, zweifelt ständig an seinen eigenen Gefühlen und denen der geliebten Person. Trotz seiner Fehler trägt der Hund die edelsten Züge der menschlichen Natur in sich vereint. Er ist ehrlich, treu, rechtschaffen und pflichtbewußt. Man kann sich auf ihn verlassen. Er kennt keinen Verrat. Wie kein anderer kann er ein Geheimnis bewahren. Seine Diskretion ist vorbildlich, und er haßt Vertraulichkeiten.

Seine Konversation ist alles andere als glänzend, und oft drückt er sich ungeschickt aus. Aber er ist hoch intelligent, und niemand ist ein besserer Zuhörer als er.

Der Hund flößt Vertrauen ein, und er verdient es. Er ist stets bereit, anderen zu helfen, und seine Hilfsbereitschaft kann bis zur Aufopferung gehen. Daher wird er meistens sehr geschätzt, und mit Recht.

In der Geschichte der Menschheit waren die Vorkämpfer für Gerechtigkeit immer Hunde. Jede Ungerechtigkeit ist ihm unerträglich, und er ruht nicht, bis er alles getan hat, um sie auszumerzen. Kriege, Verbrechen, Hunger, Armut, soziale Konflikte, Naturkatastrophen, alles was passiert ist, was passiert oder passieren könnte, bewegt den Hund und treibt ihn zur Aufopferung und zum Kampf. Glücklicherweise setzt der Hund sich nur selten für unsinnige Dinge ein . . . denn dank seiner Beharrlichkeit erreicht er fast immer sein Ziel.

Dieser Philosoph, Moralist und Revolutionär interessiert sich nicht für Geld. Er ist großzügig und selbstlos. Ob Luxushund oder Straßenköter, er ist immer etwas salopp und bohemehaft und kommt gut ohne materiellen Komfort aus. An Luxus liegt ihm nichts, auch wenn er darin lebt. Wenn er aber einmal dringend Geld braucht, so kann er es sich besser als jeder andere verschaffen.

Er kann ein guter Industrieboß, ein aktiver Gewerkschaftsführer, ein Priester, ein Erzieher sein. Aber in jedem Beruf verfolgt er sein hohes großes Ideal. Wenn es nötig ist, kann er Menschen führen, und die großen Nationen täten gut daran, sich solche Männer zu verpflichten, denn ihre Arbeitskraft, ihr Wille und ihre Aufrichtigkeit mit so wenig persönlichem Ehrgeiz haben nicht ihresgleichen.

Auch in der Liebe ist der Hund ehrlich und verantwortungsbewußt, aber er macht sich das Leben schwer und wird ständig irgendwelche Probleme suchen und finden. Daran ist er im Grunde selbst schuld, denn durch seine Unruhe, seine Zweifel und seinen Pessimismus verbaut er sich oft den Weg zum Glück.

Mit dem Pferd kann der Hund sein Glück finden, denn es wird ihn in seinen großen Plänen nicht stören, solange er ihm etwas Unabhängigkeit gewährt. Mit dem Tiger wird er vereint für Gerechtigkeit kämpfen und ein ereignisreiches, abenteuerliches Leben führen. Hund und Tiger werden sich oft in gemeinsamer Sache begegnen und zusammenarbeiten, wobei der Hund dem Tiger uneigennützig und oft im Hintergrund gute Hilfe leistet. Und mit der sanften und heiteren Katze kann er in Ruhe und Frieden leben.

Der Drache ist zu stolz, um das kritische Denken und den beißenden Spott des Hundes zu ertragen. Die Ziege ist für den Hund ein schlechter Partner, denn er verträgt wiederum nicht ihre Launen. Er wird sie berechnend und oberflächlich finden.

Die drei Lebensabschnitte des Hundes sind unstet. Kindheit und Jugend sind unruhig, im reiferen Alter macht er sich Sorgen und vernachlässigt manchmal aus Pessimismus und Blasiertheit seine Arbeit, und im Alter macht er sich Vorwürfe, nicht genug geleistet zu haben.

Sein Leben verläuft ruhiger, wenn er am Tag geboren wurde. Denn des Nachts muß der Hund das Haus bewachen. Mit gespitzten Ohren lauert er auf das leiseste Geräusch, bellt, um Eindringlinge abzuschrecken, und findet keine Ruhe. Ein Hundeleben . . .

Das Schwein

1911	30. Januar	1911 bis	18. Februar	1912
1923	16. Februar	1923 bis	5. Februar	1924
1935	4. Februar	1935 bis	24. Januar	1936
1947	22. Januar	1947 bis	10. Februar	1948
1959	8. Februar	1959 bis	28. Januar	1960
1971	27. Januar	1971 bis	14. Februar	1972

Das Schwein, ein guter Kerl

Lassen Sie hiesige Vorurteile außer acht. Das Schwein hat durchaus gute Eigenschaften. Es ist ritterlich, galant, hilfsbereit, gewissenhaft und ehrlich. Sie können ihm vertrauen, denn es wird Sie niemals verraten oder betrügen. Es ist naiv, vertrauensvoll und wehrlos. Ein reiner Tor.

Es läßt sich leicht übertölpeln, nimmt Reinfälle und Niederlagen mit Gelassenheit hin und ist tolerant den Fehlern und Schwächen anderer gegenüber. Es ist ein guter Spieler, aber auf das Gewinnen allein kommt es ihm nicht an. Es ist unparteiisch und wird nicht auf seinem Recht beharren, vielmehr wird es sich fragen, ob das, was es tut, berechtigt und anständig ist. Machenschaften und Unehrlichkeiten anderer steht es machtlos gegenüber. Es lügt selten, und dann nur, um sich zu verteidigen. Es ist intelligent, aber nicht schlau und benimmt sich daher manchmal ungeschickt. Es verabscheut Scheinheiligkeiten und Kompromisse und hält mit Starrköpfigkeit an seinen guten Prinzipien fest.

Es ist zwar leichtgläubig und beeinflußbar, versucht aber alles was es sagt oder denkt unter Beweis zu stellen.

Das Schwein ist ein guter und fröhlicher Gesellschafter und neigt nicht selten zu Ausschweifungen. Es redet nicht oft, aber wenn, dann ist es nicht aufzuhalten, bis es sein Thema erschöpft hat. Es ist intellektuell wie der Affe und hat einen großen Wissensdrang. Es liest viel, aber wahllos. Seine Bildung ist oft oberflächlich, seine Kenntnisse stellen sich bei näherer Untersuchung als recht beschränkt heraus. Ein japanisches Sprichwort sagt: «Das Schwein ist von vorn breit, aber von hinten schmal.» Im Grunde ist das Schwein ein Materialist. Es liebt das gute Leben, gutes Essen . . . Wein, Weib und Gesang.

Hinter seinem gutmütigen Auftreten verbirgt es viel Willenskraft und Autorität.

In all seinen Unternehmungen verfolgt es sein Ziel mit ganzer Kraft, und dieser Kraft kann man sich nicht widersetzen. Hat das Schwein einmal einen Entschluß gefaßt, kann es nichts zurückhalten. Aber vorher wird es sich das Für und Wider lange überlegen, was den Eindruck der Unentschlossenheit erwecken kann. Es weiß zwar genau, was es will, aber es fürchtet Komplikationen und zögert manchmal so lange, bis es zu spät ist. Halten Sie seine Gutmütigkeit und sein Zaudern nicht für Schwäche, es ist nur friedliebend.

Das Schwein hat wenig Freunde, aber es hält sein ganzes Leben lang zu ihnen und ist ihnen gegenüber zu allen Opfern bereit. Zu allen, die es gern hat, ist es großzügig und hilfsbereit. Die Frauen dieses Zeichens lieben es, Geschenke zu machen und Feste zu veranstalten. Sie sind gute Gastgeberinnen.

Das Schwein ist ein lebhaftes Temperament und könnte aufbrausend sein, wenn es nicht Streitigkeiten und Diskussionen haßte. Es wird daher lieber nachgeben oder so tun, als sei es mit Ihnen einverstanden, und es wird sich mit Ihnen nur streiten, wenn es Sie wirklich gern hat. Nur wen es schätzt, hält es einer Diskussion für würdig. Es ist Prozessen abgeneigt und wird alles versuchen, um sie zu vermeiden. Und es tut gut daran, denn es ist viel zu impulsiv und ehrlich, um sich gegen einen wenig skrupelhaften Gegner durchzusetzen. (Die Asiaten meinen nämlich, daß ein ehrlicher, impulsiver und gewissenhafter Mensch nur geringe Chancen hat, einen Prozeß zu gewinnen.)

Da das Schwein sorgfältig und arbeitsam ist, kann es alle Berufe ausüben. Es kann dank seiner Empfindsamkeit ein bedeutender Dichter oder Künstler werden. Aber es kann auch auf die schiefe Bahn geraten. Eine seiner wenig sympathischen Eigenschaften ist es, sich im Schmutz zu wälzen und maßlos zu werden, wenn einmal damit angefangen hat.

Materiell wird es sich im allgemeinen gutstehen, weil es immer leicht findet, was es zum Leben braucht. Es findet stets Hilfe und Arbeit, ohne sich besonders anstrengen zu müssen.

Dank dieser Hilfe kann es sehr reich werden. Im Volksmund heißt es, daß das Schwein immer gut ernährt wird, weil man es schön mästen will, um es zu Neujahr zu verspeisen. Daher sollte es vorsichtig sein und niemandem vertrauen. Es könnte vernascht werden. Seine Naivität wird leicht ausgenutzt. Das trifft auch auf sein Liebesleben zu. Es wird oft betrogen und enttäuscht . . ., aber auch geliebt. Die Schwein-Frau ist eine gute Mutter.

Der beste Partner für das Schwein ist die Katze. Mit ihr wird es keine Diskussionen geben.

Vorsicht vor der Schlange! Es würde bald ihr Sklave sein. Die Schlange würde es einwickeln, bis es sich nicht mehr rühren kann.

Die Ziege würde versuchen, es auszunutzen.

Der erste Lebensabschnitt wird relativ ruhig verlaufen. Im zweiten wird es alle möglichen Liebes- und Ehekonflikte haben. Aber auch im Unglück wird das Schwein diskret sein, sich nichts anmerken lassen und nicht nach Hilfe rufen. Es wird versuchen, seine Schwierigkeiten selbst zu meistern. Und da niemand seine Leiden wirklich ernst nimmt, kann ihm sein Stolz und seine Diskretion schaden.

Wenn das Schwein lange vor dem Neujahrstag geboren ist, kann ihm viel Ärger erspart bleiben, aber je näher sein Geburtstag an das Neujahr fällt, desto mehr ist es Verrat und Schande ausgesetzt – und könnte auf der Schlachtbank enden.

«Wenn das Schwein am fettesten ist, so hat es den Metzger am meisten zu befürchten» (Abraham a Santa Clara).

Blaue Monde,
rote Monde

Außergewöhnliche Menschen haben außergewöhnliche Schicksale. Wir haben die Tierzeichen berühmter Persönlichkeiten ermittelt und stellen sie Ihnen vor. Die Übereinstimmungen sind oft verblüffend, manchmal enttäuschend. Vergessen wir nicht, daß jedes Zeichen seine guten und schlechten Seiten hat, daß jede Charaktereigenschaft sich positiv oder negativ auswirken kann, je nachdem, was der einzelne daraus macht. Schließlich behauptet kein Astrologe, daß der Mensch durch sein Geburtszeichen prädestiniert ist. Dieselben Voraussetzungen, die den einen zu Ruhm und Ehre bringen, können den anderen zugrunde richten.

Vielleicht geben wir Ihnen damit eine Anregung. Stellen Sie die Zeichen Ihrer Familienangehörigen, Freunde und Bekannten fest. Und wenn Sie auch nicht daran glauben, so ist es zumindest ein amüsantes Gesellschaftsspiel.

Die Ratte

Erste Feststellung: erstaunlich viele Schriftsteller sind unter diesem Zeichen geboren: Shakespeare, Tolstoi, Racine, Jules Verne, Katherine Mansfield, Saint Exupéry, Zola, T. S. Eliot, Hermann Kesten, Johannes Mario Simmel. Zu kritischer Veranlagung gehört Beobachtungsgabe, und hier sind sie unter glücklichen Umständen vereint.

Es mag auf den ersten Blick erstaunlich erscheinen, die großen Musiker Mozart, Haydn, Schubert, Tschaikowski, de Falla, Casals und Louis Armstrong unter den Ratten anzutreffen, aber Charme, Gefühlsbetontheit, Freude am Genuß können in höchster Vollendung Genies hervorbringen. Das gleiche gilt für den Maler Toulouse-Lautrec. Unter den intellektuellen Ratten finden wir Wernher von Braun und Henri Dunant, den Begründer des Roten Kreuzes, den man eher im Zeichen des Hundes erwartet hätte. (Aber vielleicht wurde er morgens zwischen 10 und 11 Uhr in der Stunde des Hundes geboren?) Erfolgreiche Ratten sind Josef Neckermann, Axel Springer und der Verleger Fritz Molden. In der Politik finden wir August Bebel, Pius XII., Rainer Barzel. Marat und Charlotte Corday gehörten beide diesem Zeichen an, ebenfalls Lucrezia Borgia – und Heinrich Himmler.

Der Büffel

Die Liste der berühmten Büffel, die sich durch Autorität und Hartnäckigkeit ausgezeichnet haben, scheint endlos. Um sie zu erkennen, genügt es, den Begriff «Familie» durch «Nation» oder «Vaterland» zu ersetzen. Katharina die Große, Napoleon, Hitler, Nehru, Salazar, Makarios, Nixon – und Willy Brandt; und auch Clemenceau, Schacht, Malraux und K.U. von Hassel. Auf anderen Gebieten finden wir die Kardinäle Spellmann und Döpfner, die Dichter und Denker Dante, Kipling, Hermann Hesse, Martin Heidegger, Jean Cocteau, die Musiker Bach und Händel, die Maler Rubens und van Gogh, die Schauspieler Charlie Chaplin und Hildegard Knef und den Bankier Hermann J. Abs. Fast alle strahlen Autorität aus, sind mehr oder weniger konservativ und haben einen unerschütterlichen Glauben an den Segen der Arbeit.

Der Tiger

Ob das Leben des Tigers glücklich oder tragisch verläuft, immer ist es durch Zufälle oder außergewöhnliche Umstände gekennzeichnet. Ein solches Schicksal erfordert Mut und Kampfgeist. Gleich, auf welcher Seite der Barrikade sie stehen, sei es Bolivar, Robespierre, Karl Marx, Ho Chi Minh –

oder Tiberius, Ludwig XIV., Stresemann, Eisenhower und de Gaulle, sie setzen sich ganz für ihre Sache ein, stets bereit, wenn es sein muß, ihre Popularität aufs Spiel zu setzen.

Die Schriftsteller Boris Pasternak, John Steinbeck, Romain Rolland, Ernst von Salomon, Frank Thieß, Alfred Andersch und Arno Schmidt haben Tigereigenschaften, ebenso Beethoven, Schumann, Hölderlin, Goya und Rembrandt. Zahlreiche Tigerinnen bestätigen die Voraussetzungen dieses Zeichens, sei es durch ein von Zufall oder Tragik bestimmtes Schicksal, sei es durch Nonkonformismus und Mut zur eigenen Meinung: Maria Stuart, Kaiserin Josephine, Königin Elisabeth II. von England, Lola Montez, Isadora Duncan, Marilyn Monroe, Maria Schell, Romy Schneider . . .

Im Zeichen des Tigers fanden wir noch: Marco Polo, Molotow, Charles Lindbergh, Fritz Lang, Reinhard Gehlen, Klaus Schütz, Hans-Jochen Vogel, Klaus Kinski . . .

Die Katze

Zahlreiche Politiker strafen die Theorie Lügen, daß die Katze keine gewaltsamen Umstände erträgt: Garibaldi, Königin Victoria, Stalin, Trotzki, Trujillo, Bourguiba, Fidel Castro, F. J. Strauß, Haile Selassie . . . aber sagten wir nicht, daß die Katze hinter ihrer sanften Miene eine gefährliche Kraft verbirgt? Immerhin sind Garibaldi, Marie-Antoinette, Anne Boleyn, Rommel, Trotzki und Trujillo schließlich doch an den Folgen außerordentlicher Ereignisse umgekommen, und vielleicht hätten sie anders gehandelt und wären glücklicher gewesen, wenn sie unter einem anderen Zeichen geboren wären. Philosophie und Religion sind durch Konfuzius und Luther vertreten, die Wissenschaft durch Einstein, Robert Koch und Eve Curie, die Literatur durch Nelly Sachs, Günter Grass und Martin Walser, die Kunst durch Dürer, Film und Theater durch Orson Welles, Hans Söhnker, O. E. Hasse und Ulrich Schamoni und die Musik durch Arturo Toscanini, Karl Münchinger, Elisabeth Schwarzkopf und Rudolf Schock.

Der Drache

Der Drache strahlt einen überwirklichen Glanz aus, er fasziniert, solange man an ihn glaubt, er schwankt zwischen Vollkommenheit und kalter Pracht, zwischen Genie und Bluff. Er ist ein Star. Sarah Bernhardt, Marlene Dietrich, Cary Grant, Jean Gabin, Fritz Kortner sind typische Theater- und Filmdrachen – oder typische Drachen schlechthin, denn die Erfolgreichen dieses Zeichens scheinen immer auf irgendeiner Bühne zu stehen: Salvador Dali, Bernard Buffet, Oscar Wilde, G. B. Shaw, Luis Trenker, Yehudi Menuhin. In Politik und Geschichte finden wir sie als Symbolfiguren: die Jungfrau von Orléans, die heilige Bernadette, Danton, Pétain, Göring, Franco, Tito, Martin Luther King, Martin Niemöller – und warum nicht auch Erich Mende, Gerhard Stoltenberg und Kurt Georg Kiesinger? Drachen sind auch J.-J. Rousseau, Nietzsche, Sigmund Freud, Peter Weiss – und William S. Schlamm, Edward Heath und Harold Wilson.

Die Schlange

Bei den Mächtigen dieses Zeichens macht sich nicht selten die Tendenz bemerkbar, sowohl Schützlingen als Opfern jede Bewegungsfreiheit zu nehmen. Weisheit und Strenge finden wir – verschieden verteilt – bei Calvin, Elisabeth I. von England, Mao, Gandhi, bei Ulbricht, Nasser, Johannes XXIII.

Sind Lincoln, Kennedy und Königin Astrid an einem stürmischen Tag geboren? Die Wissenschaftler Kopernikus, Darwin, Röntgen, Sir Alexander Fleming, Rudolf Mössbauer, die Schriftsteller Dostojewski, Gide, Baudelaire, Böll, Koestler, der Philosoph Sartre sind Schlangen. Um festzustellen, ob sie typisch sind, müßte man ihr Privatleben genauer kennen. Wir finden noch Schubert, Brahms, Picasso, Schmeling – Frank Sinatra, die untreue, verführerische Schlange Casanova und Goethe, dessen Genie alle Schlangeneigenschaften in sich vereinigt.

«Schön wie eine Schlange» trifft auf Greta Garbo, Audrey Hepburn, Prinzessin Grace von Monaco, Jacqueline Kennedy, Liselotte Pulver, Nadja Tiller zu. In keinem Zeichen findet man so viele schöne Frauen.

Das Pferd

Daß Buffalo Bill und Davy Crockett Pferde waren, wird niemanden verwundern. Popularität, Arbeitseifer, rednerisches Talent und eine gesunde Portion Starrsinn sind zu finden bei Cicero, Karl dem Großen, Lenin, Roosevelt, Chruschtschow, Breschnew, Ceaucescu, Lübke, Herbert Wehner, Gerstenmeier, Billy Graham, Helmut Schmidt. Chopin und Musset bestätigen die Leidenschaftlichkeit des Pferdes in der Liebe, und daß sie unglücklich waren, ist nicht erstaunlich, denn George Sand, die Frau, die sie beide liebten, war eine Ratte – der schlechteste Partner für das Pferd. Rudolf Heß war ein Feuerpferd. Ferner fanden wir Louis Pasteur, Max Planck, Carl Maria von Weber, Ingmar Bergman, Selma Lagerlöf, Wolfgang Staudte und Maximilian Schell. Erwähnen wir noch Cassius Clay (Muhammad Ali), der uns typisch erscheint.

Die Ziege

Kunst, Musik und Literatur sind in diesem Zeichen reich vertreten: Michelangelo, Franz Liszt, Balzac, Puschkin, Heinrich Mann, Ernst Jünger, Joachim Ringelnatz, Rolf Hochhuth, Knut Hamsun, die Schauspieler Douglas Fairbanks, Rudolph Valentino, Eleonora Duse, Laurence Olivier, Paula Wessely, der Philosoph Henri Bergson . . . In der Politik finden wir immerhin Rasputin, Mussolini, Juan Peron, Baldur von Schirach, Walter Scheel und Kurt Schmücker. Natürlich dürfen wir nicht vergessen, daß Ziegen – soweit sie berühmt sind – auf fetten Weiden grasen.

Der Affe

Berühmte Affen lieben vor allem den Erfolg. Sie setzen dafür
ihren Einfallsreichtum, ihre Geschicklichkeit, Intelligenz und
Charme ein. Ihr gutes Gedächtnis hilft ihnen dabei. L. B.
Johnson und Harry Truman erreichten es in der Politik;
Krupp, Grundig und Münemann in der Wirtschaft. Bei Leonardo da Vinci, Gauguin und Modigliani erkennt man Affen-
züge, in der Literatur bei Byron, Dickens, Alexandre Dumas,
Carl Zuckmayer, Willi Heinrich und Friedrich Torberg; in der
Philosophie bei Kant. Die Intelligenz Bertrand Russells hat etwas Affenartiges, ebenso die Dirigierkunst Herbert von Kara-
jans. Natürlich gibt es viele Affen im Schaugeschäft: Fellini,
Elizabeth Taylor, Buster Keaton, Michèle Morgan, Hubert
von Meyerinck, Vico Torriani, Kurt Edelhagen . . .

Der Hahn

Goebbels und Adolf von Thadden sind Hähne, aber auch Ludwig Erhard, Dubcek und Papst Paul VI. Die Eigenschaften
sind nur anders verteilt. In Frankreich, dem Land des galli-
schen Hahns, finden wir als typische Vertreter: Richelieu,
Kléber, Thiers, den General Boulanger, die Schriftsteller La
Fontaine, Mauriac und Maurois. Bei uns haben auch einige
Hähne zur Feder gegriffen – sie tragen deutliche Merkmale
ihres Zeichens – Heinrich von Kleist, Fritz von Unruh, Golo
Mann, Robert Neumann. Ferdinand Lassalle war ein Hahn,
obgleich er auf der anderen Seite der Barrikaden stand, ebenso
Daniel Cohn-Bendit. Richard Wagner hat aller deutscher
Hähne Traum verwirklicht, Giuseppe Verdi den der italieni-
schen, und Caruso wurde zum Symbol der Stimme, die sich
jeder Hahn wünscht.

Daß der Hahn durch Fleiß zu großem Reichtum gelangen
kann, wird durch Ferry Porsche, Niels Bohr, Hugo Stinnes
und Reinhard Mohn bestätigt.

Auf der Bühne finden wir H. J. Kulenkampff, Willy Millo-
witsch, Elisabeth Bergner und Lil Dagover – und im Sport
Sepp Herberger.

Der Hund

Viele Kämpfer unter den Großen, viele, die sich in der Stunde
der Not für ihr Land, für ihre Ideen und für Gerechtigkeit ein-
gesetzt – und manchmal geopfert haben. Unter den Denkern
Sokrates, Voltaire, Lichtenberg, Herbert Marcuse, in der Geschichte Savonarola, Churchill, Adenauer; die Schriftsteller
Victor Hugo, Bertolt Brecht, Gerhart Hauptmann, Erich Maria Remarque, Alja Rachmanowa, Hemingway . . . Da der
Hund sich auch dort mit all seinen Fähigkeiten einsetzt, wo er
nicht an erster Stelle steht, weil er seinen persönlichen Ehrgeiz zurückzustellen versteht, finden wir ihn oft mit Sonder-
aufträgen betraut oder als tüchtigen zweiten Mann: Tschou
En-Lai, Briand, Gerhard Schröder, Conrad Ahlers, Hans
Globke, Egon Bahr, Hans-Jürgen Wischnewski. Hier noch
einige Bernhardiner, Schäferhunde, Windspiele und Pudel:
Albert Schweitzer, Benjamin Franklin, Guglielmo Marconi,
Oskar Kokoschka, Madame de Staël, Proust, Gershwin, Uwe
Johnson, Erich Kuby – und Sophia Loren.

Das Schwein

Der erste Rothschild, der erste Rockefeller und der erste Ford
bestätigen, daß das Schwein nicht Not leiden muß. Das gleiche gilt für Loyola, den Begründer des Jesuitenordens, und
Rudolf Augstein. In der Politik finden wir Beispiele von ehrli-
chen, aber auch hartnäckigen Schweinen: Heinrich VIII., Bis-
marck, Karl Schiller, Heinemann, Pompidou; ähnliche Tugenden weisen C. G. Jung, Thomas Mann und Max Frisch
auf, während Erich Kästner und Hans Habe mehr zur Katego-
rie der naiven und sensiblen Schweine gehören. Hitchcock,

Maria Callas und Jürgen von Manger sind fröhliche, kunstbegabte Schweine, der Dichter Federico Garcia Lorca fiel den Schlächtern zum Opfer, ebenso wie die armen, auf verschiedene Weise verkommenen Schweine Villon, Mussorgski – Ernst Röhm.

Diese bunt zusammengewürfelte Auswahl soll nur zur Anregung dienen. Wenn Sie mehr erfahren wollen, untersuchen Sie genauer die Lebensgeschichten zu den hier angeführten Namen, vervollständigen Sie die Liste und vergleichen Sie. Und wenn Sie es noch genauer wissen wollen, so berücksichtigen Sie auch noch die Monate der Geburtsdaten, und kombinieren Sie das Horoskop mit den im Anhang stehenden Angaben über Sternkreis- und Tierzeichen. Mit Sonne, Mond und Sternen können Sie nicht fehlgehen! Viel Spaß.

Schlußbemerkung

Die chinesischen Horoskope sind ebenso alt wie unsere Astrologie, und in Asien mißt man ihnen mindestens die gleiche Bedeutung bei wie wir den Sternkreiszeichen. Jahrhundertelang haben die Völker Ostasiens sich streng an die Voraussagen ihrer Horoskope, besonders die des kaiserlich chinesischen Almanachs, gehalten. Dort standen jedes Jahr die von Spezialisten verfaßten Prophezeiungen für jedes Zeichen mit Verhaltungsmaßregeln, Verboten und Hinweisen. Dieser Almanach enthielt auch Wettervoraussagen, Formeln, mit denen man Geister beschwört, Heilmittelrezepte, Zaubersprüche und Ratschläge für Küche und Haus.

Es war vor allem sehr wichtig zu wissen, welche Zeichen zueinander paßten und welche nicht, und man hielt sich strikt an die daraus folgenden Verbote. Keine Familie hätte ihre Zustimmung zu einer Ehe zwischen einem Tiger und einem Büffel oder zwischen einer Ratte und einem Pferd gegeben. Diese Regeln wurden in der Familie, bei Freundschaften, in Geschäften und in der Politik befolgt. Die Auswirkungen machten sich auf allen Gebieten bemerkbar: Verlobungen wurden aufgelöst, Geschäfte zerschlugen sich, Karrieren wurden unterbrochen, Freundschaften gingen auseinander – alles wegen des Horoskopes!

Wie hätte es im heutigen China, im Lande der systematischen Planung, fortbestehen können? Mao hat es verboten. Daß er im Zeichen der Schlange geboren ist, stimmt uns nachdenklich.

Aber da wir keine Chinesen sind, können wir uns ruhig mit diesem – für uns neuen Spiel beschäftigen und unseren Spaß daran haben. Immerhin hat es sich in vielen Fällen bewährt. Schließen Sie also keine Geschäfte ab, lassen Sie sich in keine neuen Bekanntschaften oder Abenteuer ein, ohne unsere Tabellen zu Rate zu ziehen . . . Aber vor allem, verlassen Sie sich auf Ihr eigenes Urteil, denn Sie können sowieso Ihrem Schicksal nicht entrinnen.

Wenn Sie außerdem an die westliche Astrologie glauben, geben wir Ihnen im Anhang Gelegenheit, die beiden Horoskope zu kombinieren. Vielleicht werden Sie sich erkennen.

Anhang

Der vietnamesische Kalender

Das Jahr 1972 war das 4609. Jahr des Mondkalenders, den die Vietnamesen im Jahr 2637 v. Chr. übernommen haben. Dieser Kalender besteht aus Zyklen von sechzig Jahren und zählt derzeit den 77. Zyklus, der 1924 begonnen hat und 1984 endet. Alljährlich stehen 355 Tage unter einem der zwölf östlichen Tierkreiszeichen. Dementsprechend besteht jeder Zyklus aus sechs Abschnitten von je zehn Jahren.

Nehmen wir zum Beispiel unser Jahr 1900. Der Tag, der dem Têt-Fest des zyklischen Jahres entspricht (letzte Spalte), ist der Cauh-Ti (die siebte Ratte im Sechzig-Jahres-Zyklus, der in sechs Zehn-Jahres-Abschnitte unterteilt ist, daß heißt die 37. Ratte des Zyklus), also der 31. Januar. Die mittlere Spalte m gibt an, ob das vietnamesische Jahr einen Schaltmonat hat. Die angegebene Zahl ist die verdoppelte Zahl des Mondmonats.

Der vietnamesische Kalender

Christliches Jahr			Vietnamesisches Jahr		
J	T	M	m	Zeichen	Nr.
1900	31	1	8.	7. Ratte	37
01	19	2		8. Büffel	38
02	8	2		9. Tiger	39
03	29	1	5.	10. Katze	40
04	16	2		1. Drache	41
05	4	2		2. Schlange	42
06	25	1	4.	3. Pferd	43
07	13	2		4. Ziege	44
08	2	2		5. Affe	45
09	22	1	2.	6. Hahn	46
1910	10	2		7. Hund	47
11	30	1	6.	8. Schwein	48
12	18	2		9. Ratte	49
13	6	2		10. Büffel	50
14	26	1	5.	1. Tiger	51
15	14	2		2. Katze	52
16	3	2		3. Drache	53
17	23	1	2.	4. Schlange	54
18	11	2		5. Pferd	55
19	1	2	7.	6. Ziege	56
1920	20	2		7. Affe	57
21	8	2		8. Hahn	58
22	28	1	5.	9. Hund	59
23	16	2		10. Schwein	60
24	5	2		1. Ratte	1
25	25	1	4.	2. Büffel	2

Christliches Jahr			Vietnamesisches Jahr		
J	T	M	m	Zeichen	Nr.
26	13	2		3. Tiger	3
27	2	2		4. Katze	4
28	23	1	2.	5. Drache	5
29	10	2		6. Schlange	6
1930	30	1	6.	7. Pferd	7
31	17	2		8. Ziege	8
32	6	2		9. Affe	9
33	26	1	5.	10. Hahn	10
34	15	2		1. Hund	11
35	4	2		2. Schwein	12
36	24	1	3.	3. Ratte	13
37	11	2		4. Büffel	14
38	31	1	7.	5. Tiger	15
39	19	2		6. Katze	16
1940	8	2		7. Drache	17
41	27	1	6.	8. Schlange	18
42	15	2		9. Pferd	19
43	5	2		10. Ziege	20
44	25	1	4.	1. Affe	21
45	13	2		2. Hahn	22
46	2	2		3. Hund	23
47	22	1	2.	4. Schwein	24
48	10	2		5. Ratte	25
49	29	1	7.	6. Büffel	26
1950	17	2		7. Tiger	27

Die Jahre
und ihre Zeichen

Das Jahr der Ratte
1948, 1960, 1972, 1984, usw.

Sparen Sie für die kommenden Jahre. Günstig für Eingemach-
tes, Einkäufe, Darlehen, Kapitalaufnahme, Investitionen. Ein
scheinbar gutes Jahr in finanzieller Hinsicht, aber es birgt die
Möglichkeit kommender Schwierigkeiten.
Politische Überraschungen . . . Prozesse, Anklagen, Verur-
teilungen . . .
Ein fruchtbares Jahr für Literatur.
Ihr Rattenkind wird glücklicher sein, wenn es im Sommer geboren wird.

Ratte:	Sie wird in Sicherheit sein. Glücklich in der Lie-be, erfolgreich im Geschäft. Wenn sie einen Ro-man geschrieben hat, sollte sie ihn noch vor Jahresende einem Verleger vorschlagen.
Büffel:	Er sollte das Jahr nützen und Geld beiseite le-gen. In jeder Hinsicht ein gutes Jahr für ihn.
Tiger:	Da er von Vorsichtsmaßnahmen nichts hält, wird er das Jahr langweilig finden. Es wird ihm nichts einbringen.
Katze:	Vorsicht bei Geschäften und in Vertrauenssa-chen. Verrat liegt in der Luft.
Drache:	Ein günstiges Jahr. Geldanlagen machen sich bezahlt. Wir wünschen ihm die Liebe einer Ratte.
Schlange:	Für sie ist das Jahr zu unruhig, aber keinesfalls schlecht. Sie ist ja so klug!
Pferd:	Ein schlechtes Jahr. Die Ratte wird alles tun, um

Sparen Sie im Jahr der Ratte...

...auch wenn Sie eine Schlange sind, die in Geldangelegenheiten immer Schwein hat. Sparen Sie aber auch im Jahr des Pferdes, damit Sie nicht später auf den Hund kommen. Und selbst der Tiger sollte sein Geld stets aufs richtige Pferd setzen.

Sparen ist natürlich auch gut für die Katze, denn Sparen macht Mäuse.

Pfandbrief und Kommunalobligation

Meistgekaufte deutsche Wertpapiere - hoher Zinsertrag - bei allen Banken und Sparkassen

Verbriefte Sicherheit

	ihm zu schaden. In Geschäften und in der Liebe kann es nicht vorsichtig genug sein.
Ziege:	Am besten bleibt sie auf dem Lande und verläßt sich auf die Ersparnisse ihrer Mitmenschen, denn sie selbst kann nichts auf die Seite legen.
Affe:	Ein ausgezeichnetes Jahr. Alles gelingt ihm. Und wenn eine Ratte sich in ihn verliebt, wird er der glücklichste aller Affen sein.
Hahn:	Vorsicht vor schlechten Geschäften. Man soll nicht alle Eier in denselben Karton legen!
Hund:	Investitionen interessieren ihn nicht, wenn er damit nicht ein hohes Ziel verfolgen kann. Er wird sich langweilen.
Schwein:	Es macht ausgezeichnete Geschäfte und findet vielleicht die große Liebe. Ein äußerst ersprießliches Jahr.

Das Jahr des Büffels
1949, 1961, 1973, 1985, usw.

Zuviel Arbeit. Man plagt sich ab. Pflegen Sie Ihren Garten, kaufen Sie sich ein Landhaus, oder ziehen Sie aufs Land.
Diktatoren schmieden ihre Pläne. Rechtsparteien und Konservative gewinnen an Boden . . .
Ein gutes Jahr für die Landwirtschaft. Es wird keine Hagelschäden, Dürre, Überschwemmungen oder Heuschreckenplage geben. Der Bauer kann ruhig schlafen. Das Büffelkind wird sich weniger abplagen müssen, wenn es im Winter geboren ist. Wünschen wir ihm seinen Geburtstag zwischen November und März.

Ratte:	Jetzt nützen ihr die Ersparnisse des Vorjahrs . . ., denn sie arbeitet nicht gern.
Büffel:	Ausgezeichnetes Jahr! Seine Arbeit findet ihren Lohn, er fühlt sich sicher im Schutze der Autorität. Wenn er nicht schon verheiratet ist, sollte er jetzt eine Familie gründen.

Tiger:	Das schlimmste Jahr für den Tiger. Auf keinen Fall sich in Gefahr begeben und am besten nichts unternehmen.
Katze:	Mit viel diplomatischem Geschick wird sie es heil überstehen.
Drache:	Übertriebene Strenge und Autorität liegen ihm nicht, aber er ist stark genug, um sich zur Wehr zu setzen.
Schlange:	Sie ist zu faul für das Jahr des Büffels. Raten wir ihr, abzuwarten, bis es vorüber ist.
Pferd:	Ein gutes Jahr für Geschäfte, aber enttäuschend in der Liebe.
Ziege:	Ein verdammt unbequemes Jahr für die Ziege. Gewiß liebt sie das Landleben . . ., aber die Landwirtschaft?
Affe:	Alles geht zum besten. Er kann Vermittler spielen, sich durchschlagen . . . Der Büffel mag ihn.
Hahn:	Er hat seine Freude an diesem Jahr, lacht sich ins Fäustchen und triumphiert über seine Feinde . . . Er muß zwar schuften, aber das macht ihm nichts aus, denn er kann arbeiten.
Hund:	Ein sehr schlechtes Jahr. Er wird sich auflehnen, umstürzlerische Pläne schmieden und sich Gefahren aussetzen.
Schwein:	Es hat zwar kritischen Verstand, versteht es aber, sich anzupassen. Aber man reize es nicht: Es könnte sehr wütend werden.

Das Jahr des Tigers
1950, 1962, 1974, 1986, usw.

Dieses Jahr wird nicht ruhig verlaufen. Planen Sie eine Lebensveränderung, aber seien Sie vorsichtig!
Große politische Umwälzungen, Revolutionen, Kriegsgefahr, Katastrophen aller Art im Anzug.

Gutes Jahr für berufliche, soziale und persönliche Veränderungen, für Taten, Entschlüsse, Handlung.
Ist Ihr Tigerkind des Nachts geboren, so ist es weniger Gefahren ausgesetzt.

Ratte: Dieses Jahr bietet ihr keine Sicherheit. Sie sollte ihre Nase nicht in fremde Angelegenheiten stecken . . . und den Tiger brüllen lassen.

Büffel: Der Büffel wird unruhig, wütend und gefährlich. Am besten bleibt er zu Hause und wartet auf bessere Tage.

Tiger: Jetzt kann er tun und lassen, was er will. Das Glück steht auf seiner Seite. Günstig für große Unternehmungen . . . Er ist beschützt.

Katze: Die Unruhe und die Veränderungen liegen ihr nicht, denn ihre Bequemlichkeit leidet darunter.

Drache: Das Jahr gefällt ihm. Irgendwo wird er schon Gelegenheit finden, zu glänzen . . . und sich Orden zu verdienen.

Schlange: Ach, ist das Leben anstrengend! Aber schließlich kann man seine Lehre daraus ziehen . . . und Erfahrungen bereichern.

Pferd: Es wird wahrscheinlich die Gelegenheit ergreifen und in diesem Jahr sein Elternhaus verlassen oder die Scheidung einreichen. Auf jeden Fall wird vieles anders werden.

Ziege: Warum will man immer die Welt verändern, anstatt sich um die arme Ziege zu kümmern? Sie wird traurig sein.

Affe: Er wird den Lauf der Dinge als amüsierter Zuschauer beobachten. Im Grunde findet er das ganze Getue recht überflüssig.

Hahn: Ein hartes Jahr. Schon wieder Veränderungen! Wie schwer man es hat! Und wie unangenehm ist das alles.

Hund: Endlich eine Gelegenheit, sich voll und ganz

Schwein:	einzusetzen. Der Hund ist in seinem Element. Er ist glücklich.

Schwein: Veränderungen? Na schön . . . man muß sich
            anpassen. Und da es großzügig ist, hat es nichts
            gegen Revolutionen.

Das Jahr der Katze
1951, 1963, 1975, 1987, usw.

Allem Anschein nach ein friedliches Jahr. Ruhen Sie sich gut
aus, denn das kommende Jahr kann sehr ermüdend werden.
Geben Sie Empfänge, pflegen Sie die Gastlichkeit, plaudern
und lesen Sie am warmen Kamin. Ein erfreuliches Jahr für Di-
plomaten, Kongresse, Konferenzen; Beförderungen stehen in
Aussicht. Auch günstig für Beamte, vor allem in der Justiz.
Das Katzenkind wird glücklich und zufrieden sein, besonders
wenn es im Sommer geboren wird.

Ratte: Vorsicht, Vorsicht! Die Katze liegt auf der Lau-
            er. Am besten macht man sich gar nicht erst be-
            merkbar.

Büffel: Es ist zwar nicht ideal, aber immerhin besser als
            das vorige Jahr. Man kann wenigstens in Ruhe
            arbeiten.

Tiger: Er sollte sich in diesem Jahr von seinen An-
            strengungen ausruhen. Die Katze hat nichts ge-
            gen ihn und wird ihn nicht stören.

Katze: Ein gutes, glückliches Jahr. Keine unnötige
            Hast, keine Probleme. Man kann in aller Ruhe
            im Kreise guter Freunde am Kamin sitzen und
            angenehm plaudern. Und man macht gute Ge-
            schäfte . . .

Drache: Er kann in seiner ganzen Pracht glänzen. Die
            Katze wird ihn nicht daran hindern, im Ge-
            genteil . . . es ist ihr eine angenehme Zerstreu-
            ung.

Schlange:	Endlich! Endlich kann man seine wohlverdiente Ruhe genießen und an die Liebe denken . . . In dieser Beziehung ein erfolgreiches Jahr.
Pferd:	Ein gutes Jahr. Liebe, Arbeit, Geselligkeit und vielleicht etwas Politik.
Ziege:	Endlich nimmt man wieder Notiz von ihr. Sie wird eingeladen, man schätzt ihre Gesellschaft. Ein sehr gutes Jahr.
Affe:	Die Geschäfte sind ausgezeichnet. In jeder Beziehung ist das Jahr günstig für ihn.
Hahn:	Das letzte Jahr hat ihn so stark mitgenommen, daß er sich noch abwartend verhält und nichts unternimmt.
Hund:	Ein friedliches Jahr. Die Stimmung ist gut, fast könnte man fröhlich sein. Die Katze übt einen beruhigenden Einfluß aus. Eine gute Gelegenheit, sich zu verheiraten.
Schwein:	Alles ginge gut, wenn nicht ein Prozeß in der Luft läge. Den soll es um alles in der Welt vermeiden, lieber zahlen als prozessieren.

Das Jahr des Drachens
1952, 1964, 1976, 1988, usw

Seien Sie ehrgeizig und unternehmungslustig. Gehen Sie aufs Ganze . . . Ein ermüdendes Jahr . . . Ein Jahr voller Glanz und Pracht. Großer Aufwand, rauschende Feste, glorreicher Sieg . . . (oder glorreiche Niederlage) . . .
Vorsicht, Feuergefahr!
Ein günstiges Jahr für glänzende Erfolge im Krieg, in der Politik – oder auf anderen Gebieten . . ., aber Vorsicht, diese Erfolge sind oft illusorisch.
Um ihr Drachenkind brauchen Sie sich keine Sorgen zu machen, außer wenn es während eines Gewitters geboren wird . . . Dann allerdings müssen Sie auf der Hut sein.

Ratte:	Dieses Jahr gefällt ihr. Sie macht gute Geschäfte und muß sich keine Sorgen machen.
Büffel:	Er ist von dem Prunk so beeindruckt, daß er glaubt, die gute alte Zeit sei wiedergekommen. Aber das sind Illusionen. Er soll lieber arbeiten.
Tiger:	Er kommt in diesem Jahr auf seine Kosten. Er fühlt sich wohl, wenn etwas los ist, und im Drachenjahr ist immer etwas los.
Katze:	Das Getue mit seinem Drum und Dran wird sie amüsieren. Aber sie bleibt zu Hause und geht ihren Geschäften nach.
Drache:	Er fühlt sich wie ein Fisch im Wasser . . . Dies ist das Jahr der Erfüllung.
Schlange:	Sie nimmt diesen ganzen Zauber nicht sehr ernst, denn sie ist weise. Sie lebt ihr Leben in aller Ruhe weiter, alles geht gut, und sie genießt es.
Pferd:	Das Jahr ist nicht schlecht. Das Pferd liebt Paraden. Es wird sehr zufrieden sein.
Ziege:	Sie sonnt sich im Glanz dieses Jahres und fühlt sich wohl dabei.
Affe:	Er amüsiert sich köstlich! Er kann die große Rolle spielen, denn der Drache braucht ihn.
Hahn:	Jetzt kann er herumstolzieren und den Hennen seinen Hof machen. Ein Jahr nach seinem Geschmack. Er sollte heiraten.
Hund:	Die Prachtentfaltung geht ihm auf die Nerven. Er findet sie lächerlich und überflüssig. Er wird sich verdrießlich in eine Ecke verkriechen und abwarten.
Schwein:	Es wird sich in den Kreis seiner Freunde zurückziehen, weil dort das Leben «echter» ist. Das Drachengehabe empfindet es als falsche Pracht. Es wird gut essen und trinken und Fett ansetzen.

Das Jahr der Schlange
1953, 1965, 1977, 1989, usw.

Meditieren, faulenzen, flirten . . . Dies ist das beste Jahr für Liebesabenteuer und Seitensprünge. Genießen Sie es. Die Gesetzeshüter machen die Augen zu.
Ein Jahr weiser politischer Entscheidungen. Man findet Kompromisse und Lösungen für alle Probleme.
Ein günstiges Jahr für große Entdeckungen, für Gelehrte, Wissenschaftler und Philosophen. Sie werden gefördert, finden Beachtung und Gehör.
Ihr Schlangenkind wird am glücklichsten sein, wenn es an einem heißen Sommertag geboren ist. Findet die Geburt aber während eines Sturmes statt, so ist sein Leben ständig in Gefahr.

Ratte:	Die Geschäfte sind schlecht. Sie soll lieber Bücher schreiben, denn das kann sie, und das Jahr ist günstig für Denker.
Büffel:	Er wird höchstwahrscheinlich in Eheschwierigkeiten geraten. Auch in der Familie kann es Ärger geben. Auf jeden Fall muß er versuchen, sich zu beherrschen! Keine Wutausbrüche, keine Gewalt! Im Schlangenjahr sollte der Büffel nicht heiraten.
Tiger:	Er sollte reisen, auf Entdeckungen gehen . . . nur nicht untätig bleiben.
Katze:	Ein gutes Jahr. Man kann in aller Ruhe nachdenken, sich philosophischen Betrachtungen hingeben – vielleicht ein Buch schreiben. Ehekomplikationen mißt sie keine Bedeutung bei.
Drache:	Alles geht nach seinen Wünschen. Er ist zufrieden und strahlt weiter in seiner Pracht, während die Schlange ihm ruhig zuschaut.
Schlange:	Dies ist ihr Jahr! Sie kann sich alles erlauben und riskiert nichts dabei. Sie wird Eroberungen machen und ihre Liebesabenteuer genießen.

Pferd:	Es könnte wieder einmal den Kopf verlieren, wenn es sich verliebt. Aber Vorsicht! Im Schlangenjahr ist die Liebe nicht von langer Dauer.
Ziege:	Ein sehr unterhaltendes Jahr für sie. Man sieht und hört so viel Interessantes . . . und an Stoff für Klatsch ist diesmal gut gesorgt.
Affe:	Auch in diesem Jahr findet er seinen Platz. Er ist ja so nützlich. Er wird sogar meinen, er sei unentbehrlich.
Hahn:	Ein interessantes Jahr . . . Vielleicht hat auch er jetzt ein Familienproblem zu lösen.
Hund:	Er wird sich mit den Entdeckern, den Denkern und Philosophen beschäftigen. Er wird nicht unglücklich sein.
Schwein:	Glück im Spiel, Unglück in der Liebe. An Geld wird es nicht fehlen, aber das Schlangenjahr wird ihm manchen Liebeskummer bereiten.

Das Jahr des Pferdes
1954, 1966, 1978, 1990, usw.

Arbeit für jedermann. Denken Sie an Ihren Vorteil. Nehmen Sie an Versammlungen, Meetings und Demonstrationen teil. Machen Sie Politik, treiben Sie Sport, gehen Sie ins Theater.
Es wird allerlei geschehen, aber die Diplomatie wird siegen. Politische Auseinandersetzungen, Umtriebe, Demissionen, Proteste und Skandale, alles wird sich letzten Endes wieder einrenken.
Ein günstiges Jahr für sportliche Leistungen.
Der Winter ist die beste Zeit für die Geburt des Pferdekindes.
*1906, 1966: Jahre des Feuerpferdes.

| Ratte: | Ein katastrophales Jahr in jeder Beziehung. Sie muß sehr auf der Hut sein. Sie wird in Schulden geraten. |

Büffel:	Alles fügt sich zum Besten. Die Arbeit trägt Früchte, und man kann sie genießen.
Tiger:	Gut für Unternehmungen aller Art. Er braucht Beschäftigung, und in diesem Jahr droht ihm keine Gefahr.
Katze:	Eigentlich ein recht angenehmes Jahr. Es fehlt nicht an gesellschaftlichen Anlässen, man findet Zerstreuung und kann trotzdem ruhig leben.
Drache:	Er wird auch in diesem Jahr Gelegenheit haben, sich bewundern zu lassen.
Schlange:	Vorsicht bei Liebesaffären! In diesem Jahr geht es leidenschaftlich zu, und sie wird ihre ganze Weisheit aufbieten müssen, um mit heiler Haut davonzukommen.
Pferd:	Das Pferd ist das einzige Zeichen, dem sein eigenes Jahr nicht günstig ist. Das Jahr des Feuerpferdes ist sogar gefährlich.
Ziege:	Ein gutes Jahr. Sie hat ihren Spaß, unterhält sich gut und fühlt sich behaglich.
Affe:	Er liebt zwar keine sportlichen Leistungen, aber eine wohlbezahlte Stellung wird er sicher finden.
Hahn:	Es geht ihm gut. Solange seine eigene Sicherheit nicht bedroht ist, findet er das alles sehr spaßig.
Hund:	Er ärgert sich. Er möchte sich so gerne an die Arbeit machen, aber er glaubt nicht an seinen Erfolg . . .
Schwein:	Es versucht, sich zurechtzufinden, aber das Glück in der Liebe läßt immer noch auf sich warten. Die Zeiten sind schlecht.

Das Jahr der Ziege
1955, 1967, 1979, 1991, usw.

Leisten Sie sich ein paar Phantasien. Fahren Sie zu Freunden aufs Land. Gehen Sie Ihren Launen nach und tun Sie, was Ihnen Spaß macht. In politischer und finanzieller Hinsicht bewegt man sich am Rande der Katastrophe, aber niemand nimmt es wirklich ernst. Der Schein wird gewahrt, und mit Ach und Krach wird das Gleichgewicht irgendwie wiederhergestellt, obwohl in diesem Jahr Weisheit und Kompetenz Mangelware sind. Ein günstiges Jahr für Künstler, besonders für Schauspieler.

Das Ziegenkind wird es gut haben, wenn es nicht bei Regen geboren wird.

Ratte:	Allmählich werden die Zeiten besser, und vor allem in der Kunst kann man es wieder zu etwas bringen.
Büffel:	Ein miserables Jahr. Ungeduld und schlechte Laune machen das Leben schwer.
Tiger:	Vielleicht sollte er noch eine Weltreise unternehmen. Es wäre seine einzige Chance.
Katze:	Die kleinen Rückschläge und Unannehmlichkeiten des Ziegenjahres werden sie nicht in ihrer Ruhe stören. Sie ist weiterhin glücklich.
Drache:	Jetzt kann er sich einmal ausruhen! Bei so viel Inkompetenz hält man sich besser heraus.
Schlange:	Ihre Klugheit wird die närrischen Torheiten dieses Jahres schwer ertragen . . . Da vergeht einem sogar der Spaß an Liebeleien.
Pferd:	Es wird sich aufsässig gebärden und ausschlagen . . . aber wie das erleichtert!
Ziege:	Ein herrliches Jahr! Man kümmert sich um sie, und eine großartige Zukunft steht ihr offen . . . Sie soll es genießen.
Affe:	Eine gute Zeit für Intrigen und Doppelspiele. Er wird seine Freude haben.

Hahn:	Er kann es nicht fassen, er glaubt zu träumen. So etwas kann doch nicht wahr sein. Er macht sich große Sorgen.
Hund:	Hat er sich im vorigen Jahr geärgert, so ist er jetzt außer sich vor Wut. Er könnte alles hinschmeißen und sich zurückziehen. Wenn er alt ist, könnte er einsam verbittern.
Schwein:	Es ist voller Hoffnung. Die Ereignisse dieses Jahres sind schließlich unwichtig, Geldsorgen hat es nicht, und in der Liebe geht es entschieden besser.

Das Jahr des Affen
1956, 1968, 1980, 1992, usw.

Jetzt muß man sich auf alles gefaßt machen, besonders auf Überraschungen . . . Wer wagt, gewinnt. Irgendwie wird es schon gutgehen, denn der Affe weiß, wann man aufhören muß. Zögern Sie nicht, überlegen Sie nicht lange, es lohnt nicht. Ihre Vernunft kann Ihnen nicht helfen.

Alles mögliche kann in diesem Jahr passieren. Politische Veränderungen, Revolution, Aufstände, Unruhen. Der Affe treibt seine Späße. Konfusion, Anarchie, ein wildes Durcheinander, das ist sein Element.

Jedenfalls wird sich niemand langweilen.

Ein günstiges Jahr für neue Ideen. Nutzen Sie es. Das Affenkind gedeiht am besten, wenn es im Sommer geboren wird.

Ratte:	Das Affentheater macht ihr Vergnügen. Endlich findet sie Ihr Gleichgewicht und ihr Glück. Ihre Mühe macht sich belohnt. Jetzt sollte sie heiraten.
Büffel:	Schon wieder ein schlechtes Jahr. Er wird Angst haben und sich bedroht fühlen, denn er haßt Überraschungen.
Tiger:	Er glaubt, daß die Zeit zum Handeln endlich ge-

	kommen ist, und er wird sich mit seiner ganzen Kraft für den Erfolg neuer Ideen einsetzen . . ., aber der Affe lacht sich ins Fäustchen.
Katze:	Sie wird sich nicht unnütz aufregen. Sie nimmt den Affen nicht allzu ernst. Abwarten und Tee trinken.
Drache:	Er wird sich hervortun, aber später könnte er es bereuen. Er kann es nicht vertragen, wenn man sich über ihn lustig macht.
Schlange:	Ihr Weisheit runzelt die Stirn. Sie findet das alles lächerlich . . . aber sie könnte trotzdem mitmachen, um zu sehen, was dabei herauskommt, denn sie ist neugierig.
Pferd:	Es ist ja alles recht unterhaltsam. Man mischt ein wenig mit in der Politik . . . aber mit Vorsicht, denn man muß sich den Rückzug decken.
Ziege:	Es wäre ja alles gut und schön, wenn man sich etwas mehr um sie kümmerte. Warum kann man sich nicht zu Hause versammeln? Aber sie macht mit, weil es Spaß macht.
Affe:	Er ist entzückt. Er jubiliert. Natürlich wird er sich nicht kompromittieren, denn er ist schlau genug, um zu wissen, wo der Spaß aufhört. Aber ist dieses Durcheinander nicht ein tolles Vergnügen . . . wenn man zuschaut?
Hahn:	Er möchte mit Gewalt wieder Ordnung schaffen, hält große Reden und Moralpredigten. Dabei kann er Mut und Aufopferung beweisen.
Hund:	Wie der Tiger wird er glauben, daß die Zeit zum Handeln gekommen ist. Er wird sich in seine Aufgabe stürzen, nichts erreichen, aber bereit sein, von neuem zu beginnen.
Schwein:	Es wird mit Begeisterung das tun, was es für richtig hält. Da seine Liebesangelegenheiten wieder Fortschritte machen, wird es seine Lebensfreude wiederfinden.

Das Jahr des Hahns
1957, 1969, 1981, 1993, usw.

Ein hartes Jahr. Sie werden sich Ihr Leben hart verdienen
müssen. Ohne Fleiß keinen Preis. Arbeitslosigkeit droht. In
diesem Jahr fallen keine gebratenen Tauben vom Himmel.
Der Hahn duldet keine Unordnung. Reaktion in der Politik.
Man sieht wieder viel Uniformen: angeblich für Gesetz und
Ordnung, eigentlich aber eher, weil der Hahn Paraden und
Aufmärsche liebt. Mißbrauch und Übertreibungen können
vorkommen.
Ein gutes Jahr für Uniformierte aller Art.
Ihr Hahnkind wird weniger aggressiv sein, wenn es im Frühjahr zur Welt kommt.

Ratte:	Alles geht gut. Die gesellschaftlichen Veränderungen berühren sie nicht. Sie möchte vor allem das Leben genießen.
Büffel:	Endlich kann man wieder aufatmen . . . Wie wohl es tut, wenn man sich wieder in Sicherheit weiß! Und nun mit Eifer an die Arbeit.
Tiger:	Er ist enttäuscht und unglücklich. Dies ist das Jahr der Opposition, des Widerstandes. Er wird weiterkämpfen.
Katze:	Das Jahr geht ihr ein wenig auf die Nerven, denn sie findet den Hahn mit seinen Paraden einfach lächerlich. Da sie überdies ein ausgesprochener Antimilitarist ist, wird sie ein schlechtes Jahr haben.
Drache:	An Gelegenheiten, sich in Glanz und Glorie zu zeigen, wird es nicht fehlen . . . aber er ist vernünftig genug, sich mit Handlungen zurückzuhalten.
Schlange:	Fürwahr ein hartes Jahr . . . Adieu, süße Faulheit. Jetzt muß man sich anstrengen, um sich durchzuschlagen. Sie wird bisweilen entmutigt sein.

Pferd:	Der Nachschub ist gesichert . . . Jetzt kann man mit Mut an die Arbeit gehen . . . Es geht gut.
Ziege:	Arbeit kommt nicht in Frage. Dann lebt man schon lieber als Boheme . . . Es wird ja nicht zu lange dauern.
Affe:	Sein Jahr ist jetzt vorbei. Zwar ist es nun weniger lustig, aber der Hahn hat immerhin allerlei Abwechslung zu bieten mit seinen komischen Einfällen.
Hahn:	Jetzt ist es da, das lang erwartete Jahr. Am Hause des Hahns weht die Flagge am Mast. Leider muß schwer gearbeitet werden, denn das Jahr ist hart. Zum Glück herrscht endlich Ordnung.
Hund:	Wie der Tiger ist auch er enttäuscht, und auch er kämpft weiter im Untergrund. Ein schweres Jahr.
Schwein:	Die Arbeit bringt in diesem Jahr viel ein. Alles läuft zum besten. Das Leben ist schön.

Das Jahr des Hundes
1958, 1970, 1982, 1994, usw.

Sie werden um Ihre Zukunft besorgt sein und allem mit Mißtrauen und Pessimismus begegnen. Aber Sie werden sich auch viel vornehmen, gute Absichten verfolgen – und großzügig sein, wenn es darauf ankommt.

Politische Umwälzungen bereiten sich vor. Umschwung zugunsten der Freiheit, möglicherweise Revolution. Ideale sind wieder gefragt. Ein günstiges Jahr für Liberale, für Linksparteien, für großzügige Planungen, Menschenrechte, Friedenskonferenzen.

Für Ihr Hundekind wird es gut sein, wenn es nicht nachts geboren wird, denn es könnte sonst ein unruhiges, allzu wachsames Leben führen.

Ratte:	Wenn sie sich einmal weniger um ihre Liebe und mehr um ihre Geschäfte kümmert, wird sie ein gutes Jahr haben.
Büffel:	Nein, er ist gar nicht zufrieden. Für die Zukunft sieht er schwarz; schon jetzt geht alles schlecht – und die Jugend von heute? Die verdiente eine gehörige Lektion . . .
Tiger:	Er ist unruhig, aber voll Unternehmungslust. Große Aufgaben stehen bevor – und man wird sich auf ihn verlassen können.
Katze:	Auch sie ist unruhig. Sie trifft Vorsichtsmaßregeln, und vielleicht wird sie politisch aktiv, aber mit Vorbehalten . . .
Drache:	Er kann alles wagen . . . Er ist immer bereit zu handeln, hat Geschick, ist großzügig und vollkommen . . . aber, er ist ein Drache.
Schlange:	Ein Jahr der Unruhe, auch für sie . . . Man kann sich auf nichts verlassen – nicht einmal auf die eigenen Gefühle. Sie möchte sich irgendwie verändern, aber sie ist zu faul dazu.
Pferd:	Das Pferd denkt immer zuerst an sich selbst. Es wird hart arbeiten . . . aber zum eigenen Nutzen.
Ziege:	Ein schlechtes Jahr . . . Jeder ist zu sehr mit sich selbst beschäftigt, und niemand denkt an sie . . . Sie fühlt sich einsam und verlassen.
Affe:	Er ist zu schlau, um sich ernste Sorgen zu machen. Er hofft auf bessere Tage . . . und daß er wieder zu Geld kommt.
Hahn:	Der Glanz der Parade ist verflogen . . . Er ist ernüchtert, niedergeschlagen – und hat große Geldsorgen.
Hund:	Der Erfolg macht ihn nicht übermütig . . . Er weiß, daß er ihn mit Mühe und Arbeit errungen hat – und an den Weihnachtsmann glaubt er nicht.
Schwein:	Gute Finanzen – man kann nicht klagen. Alles

in allem: eine ruhige Zeit. Es billigt die Taten des Hundes, beteiligt sich aber nicht.

Das Jahr des Schweins
1959, 1971, 1983, 1995, usw.

Ein ausgezeichnetes Jahr! Die Geschäfte gehen gut, die Kassen füllen sich. Man genießt das Leben in vollen Zügen. Es herrscht Überfluß.
Vielleicht gibt es einige verwaltungstechnische Schwierigkeiten.
Ein gutes Jahr für Geldleute und Intellektuelle. Das Schweinkind wird sich seines Lebens freuen, wenn sein Geburtstag nicht in die Nähe des Neujahrsfestes fällt, sonst schwebt es in Gefahr, weil es dann von denen gepflegt und gemästet wird, die die Absicht haben, es am Festtag zu verspeisen.

Ratte: Sie ist munter und zufrieden, freut sich des Lebens und macht Zukunftspläne.

Büffel: Es könnte besser sein. Man hat so viel Arbeit, daß man kaum weiß, wie man das alles schaffen soll.

Tiger: Er macht gute Geschäfte . . . Das Risiko zahlt sich aus. Hoffentlich geht es so weiter.

Katze: Jetzt hat sie endlich wieder Ruhe. Sie schnurrt behaglich im Kreise ihrer Freunde. Die Geschäfte gehen gut, und sie fühlt sich in Sicherheit.

Drache: Er strahlt. Es hat ihm zwar nie an Geld gefehlt, aber in diesem Jahr kann er, dank seiner Geschicklichkeit, ganz besonders gute Geschäfte machen.

Schlange: Nun ja . . . Vollkommenheit ist nicht von dieser Welt . . . aber man muß die Dinge nehmen, wie sie kommen. Sie ist weise – und wartet auf ein besseres Jahr.

Pferd: Endlich ist es zu Geld gekommen und kann sich

	leisten, was es sich erträumt hat . . . vielleicht ein Auto oder eine Wohnung . . .
Ziege:	Sie freut sich über den Wohlstand ihrer Mitmenschen, denn er kommt ja auch ihr zugute. Raten Sie ihr nicht zur Vernunft: das ist ein Wort, das sie nicht kennt.
Affe:	Die Geldsorgen sind verflogen . . . Die Geschäfte blühen . . . Er kann sich wieder austoben.
Hahn:	Viel Arbeit! Langsam und mühsam geht es wieder bergauf, aber er hat es satt, sich für nichts und wieder nichts abzuschuften. Die politische Richtung paßt ihm nicht, und sein diesbezügliches Gekrähe kann ihm schaden. Er träumt von der guten alten Zeit.
Hund:	In diesem Jahr kann er sich seinem eigenen Wohlergehen und seiner Familie widmen, eine Zeit, die die Seinen nützen sollten, denn sie wird nicht lange dauern.
Schwein:	Das Schwein hat Schwein im Jahr des Schweins, wie könnte es auch anders sein! Der Erfolg ist ihm sicher in all seinen Unternehmungen. Die Liebe blüht, die Geschäfte gedeihen. Es könnte eine Erbschaft machen oder zu einer unerwarteten großen Geldsumme kommen.

Ihre Berufe

Die Ratte

Kaufmann (Altwarenhändler), Vertreter, Handlungsreisender, hoher oder kleiner Beamter.
Buchhalter, Journalist, Geschäftsmann. – Oder: Musiker, Maler, Schriftsteller. – Aber auch: Pfandleiher, Zuhälter, Wucherer, Hochstapler . . . Kritiker!

Der Büffel

Landarbeiter, Bauer, Mechaniker, Garagenbesitzer.
Facharbeiter, Techniker, Handwerker.
Zeichner oder sogar Architekt, Fotograf.
Koch, Stewardeß, Krankenschwester, Friseur, Zahntechniker, Chirurg. – Aber auch: Wachtmeister, Diktator . . . oder Polizist.

Der Tiger

Werkstattbesitzer, Fallschirmspringer, Autorennfahrer, Matador, Forscher, Söldner, Soldat, Revolutionär, Unternehmer, Staatsmann, Gangster.

Die Katze

Geschäftsmann, Modeschöpfer, Dekorateur, Antiquitätenhändler.
Kaufmann (Apotheker), Empfangschef.

Journalist, Schauspieler.
Anwalt, Notar, Richter, Jurist, Spekulant, Börsenmakler,
Bankier.
Diplomat, Botschafter . . . und Rentner.

Der Drache

Schauspieler, Künstler.
Kaufmann, Industrieller, Architekt, Arzt, Anwalt.
Gangster, Priester, Prophet.
Botschafter, Politiker, Generaldirektor – und Nationalheld.

Die Schlange

Lehrer, Professor.
Schriftsteller, Philosoph, Jurist, Psychiater, Politiker, Diplomat, Spekulant.
Lebemann, Filmstar. – Aber auch: Hellseher, Astrologe, Kar-
tenleger, Handwahrsager, Zahlenwahrsager usw.

Das Pferd

Facharbeiter, Techniker, Vorarbeiter, Lastwagenchauffeur.
Chemiker, Physiker, Geologe usw.
Zahnarzt, Arzt, Architekt.
Finanzmann, Diplomat, Politiker.
Maler oder Dichter.
Abenteurer, Forscher, Kosmonaut. – Und sogar: Friseur oder
Barmann.

Die Ziege

Handwerker, Techniker, Gärtner.
Schauspieler, Künstler (Theater, Film, Fotografie, Literatur,

Dichtkunst, Malerei, Musik, Varieté usw.). – Aber auch: Gigolo, Callgirl, Parasit, Strohmann, Clochard. – Oder: Hausfreund in einem Landhaus.

Der Affe

Wenn er sich Mühe gibt, kann er jeden Beruf ergreifen.
Genialer Spekulant, gerissener Geschäftsmann, berühmter Schriftsteller, Filmschauspieler, Diplomat, Politiker.
Aber auch: unwiderstehlicher Hochstapler.

Der Hahn

Kaffeehauskellner, Koch, Inhaber einer Imbißstube.
Vertreter, Werbeagent.
Kosmetiker, Damenfriseur, Zahnarzt, Chirurg. – Und: Beamter, Soldat, Feuerwehrmann, Nachtwächter, Gendarm.
Aber auch: Leibwächter, Kriminalpolizist, Rausschmeißer . . . und Tanzlehrer.

Der Hund

Gewerkschaftsführer, Industrieller, Prokurist, Kritiker, Erzieher, Priester.
Schriftsteller, Philosoph, Denker, Moralist, Jurist, Richter, Gelehrter, Arzt.
Selbstloser Politiker, Geheimagent.
Aber vor allem: die rechte Hand eines Politikers der Linken.

Das Schwein

Industrieller, Arzt, Gelehrter, Architekt, Filmregisseur, Schriftsteller, Dichter, Maler, Geschäftsmann.
Aber auch: Komiker, Artist im Varieté, Clown, Sänger.

Eltern und Kinder

	Ratte Eltern	Büffel Eltern	Tiger Eltern	Katze Eltern	Drache Eltern	Schlange Eltern	Pferd Eltern	Ziege Eltern	Affe Eltern	Hahn Eltern	Hund Eltern	Schwein Eltern
Ratte Kinder	1	2	3	4	5	6	7	8	9	10	11	12
Büffel Kinder	13	14	15	16	17	18	19	20	21	22	23	24
Tiger Kinder	25	26	27	28	29	30	31	32	33	34	35	36
Katze Kinder	37	38	39	40	41	42	43	44	45	46	47	48
Drache Kinder	49	50	51	52	53	54	55	56	57	58	59	60
Schlange Kinder	61	62	63	64	65	66	67	68	69	70	71	72
Pferd Kinder	73	74	75	76	77	78	79	80	81	82	83	84
Ziege Kinder	85	86	87	88	89	90	91	92	93	94	95	96
Affe Kinder	97	98	99	100	101	102	103	104	105	106	107	108
Hahn Kinder	109	110	111	112	113	114	115	116	117	118	119	120
Hund Kinder	121	122	123	124	125	126	127	128	129	130	131	132
Schwein Kinder	133	134	135	136	137	138	139	140	141	142	143	144

Suchen Sie Ihre Zahl auf der Tabelle, und lesen Sie den entsprechenden Abschnitt auf den folgenden Seiten.

1. Alles geht gut . . . ein paar Zänkereien ohne ernste Folgen.

2. Zwar ist der Büffel autoritär und die Ratte aggressiv, aber sie kommen trotzdem gut miteinander aus.

3. Das Rattenkind kann tun und lassen, was es will, dem Tiger ist es völlig egal.

4. Ein Katz-und-Maus-Spiel – wenn die Katze ausgeht, tanzen die Mäuse – aber es geht niemals gut.

5. Der Drache verlangt ein wenig zuviel von seinen Kindern, aber letzten Endes renkt sich alles wieder ein.

6. Die Schlange liebt ihre Familie, und die Ratte hat alle Chancen, sich beliebt zu machen.

7. Eine Katastrophe! Besonders bei einer Pferdemutter. Stürmisches Familienleben.

8. Da ist nicht viel zu machen. Wenn es eine Ziegenmutter ist, wird es wenigstens nicht allzu schlimm.

9. Sehr gut. Der Affe kann alles bei seinen Rattenkindern erreichen.

10. Kleine Streitereien und Sticheleien. Nichts Ernsthaftes, aber auch nichts Aufregendes.

11. Trotz allen guten Willens und Pflichtbewußtseins kann sich der Hund für seine Rattenkinder nicht begeistern.

12. Ja – sie haben viel Spaß miteinander und lachen über dieselben Witze. Und wenn das Rattenkind ein wenig übertreibt, so ist es auch nicht schlimm.

13. Ja. Wenn der Rattenvater spricht, hört das Büffelkind aufmerksam zu.

14. Autoritätsprobleme. Das Kind wird sich auflehnen – aber schließlich gehorcht es doch.

15. Der Tiger sollte sehen, daß das Büffelkind so früh wie möglich das Haus verläßt – sonst würde er viel erleiden.

16. Die Katze betrachtet dieses Kind mit Erstaunen und Unruhe. Aber in Wirklichkeit macht sie sich nichts daraus.

17. Das Büffelkind wird versuchen, den Dracheneltern zu gefallen, aber es wird es nicht leicht haben. Der Drache liebt Aufgeschlossenheit und Glanz, und der Büffel ist verschlossen.

18. Die Schlange wird ihre ganze Weisheit aufbieten müssen, aber es wird schwierig sein.

19. Nein. Wenn das Pferd sich seine Freiheiten nimmt, wird das Büffelkind ihm nicht verzeihen. Sie verstehen sich nicht.

20. Zwei verschiedene Welten. Grundverschiedene Ansichten. Keiner hat dem anderen etwas zu bieten.

21. Der Affe wird vom Büffel sehr bewundert, und er weiß es auszunutzen.

22. Ja. Hie und da wird der Hahn zwar laut krähen, aber er fügt sich dem Büffelkind.

23. Nein. Totales und hoffnungsloses Unverständnis beiderseits. Sie werden nie miteinander zufrieden sein.

24. Vielleicht – obgleich das Büffelkind zuweilen störrisch ist.

25. Der Rattenvater hat dem Tigerkind nichts zu bieten.

26. Unmöglich! Der Tiger muß so bald wie möglich das Haus verlassen. Büffelvater oder -mutter würde ihn sonst vernichten.

27. Tiger dürfen nicht zusammen leben. Tigereltern wird geraten, rechtzeitig die Pille zu nehmen.

28. Nicht schlecht. Der Humor der Katze wird das Tigerkind zwar hie und da kränken, aber es wird ihm eine Hilfe sein.

29. Gut. Der Tiger hat Respekt vor dem Drachen und wird ihm gehorchen.

30. Der Tiger ist ein Problemkind für die Schlange. Sie wird sich sehr anstrengen müssen, um mit ihm fertig zu werden.

31. Ja. Es geht gut, denn das Pferd wird dem Tiger alle Freiheit lassen und ihn lieben.

32. Ein gefährliches Beisammensein. Der Tiger könnte aus Versehen seine Ziegeneltern verschlingen.

33. Die Schlauheit des Affen schafft Ausgleich für die Kraft des Tigers. Sie kommen miteinander aus.

34. Die Autorität des Hahns wird vom Tiger systematisch in Frage gestellt.

35. Sehr gut. Der Hund ist stolz auf sein Tigerkind und wird ihm viel helfen.

36. Ja – aber der Tiger wird nicht zufrieden sein. Er wird immer viel mehr erwarten.

37. Die Ratte wird Angst vor ihrem Katzenkind haben – und das aus begreiflichen Gründen.

38. Die diplomatische Katze pfeift zwar auf Autorität, aber sie wird so tun, als ob sie gehorcht.

39. Das Katzenkind hat keinen Respekt, obgleich es sich scheinbar fügt.

40. Beide haben ihre Ruhe. Sie verstehen sich wunderbar. Keinerlei Probleme.

41. Der Drache wird vom scheinbaren Mangel an Ehrgeiz seines Katzenkindes etwas enttäuscht sein, aber es wird keine Schwierigkeiten geben.

42. Ja – aber Vorsicht: Die Mutter mischt sich in alles ein, der Vater ist besitzerisch.

43. Das Pferd läßt die Katze Katze sein. Die Kinder werden ihre Ruhe haben.

44. Ja. Aber das Kind wird sich nicht auf seine Ziegeneltern verlassen können.

45. Sehr gut. Da hat die Katze wieder einmal Glück gehabt.

46. Die Katze läßt den Hahn krähen – und tut, was sie will.

47. Sie werden sich gut verstehen, besonders bei Hundevater und Katzentochter.

48. Sehr gut. Aber das Schwein wird sich an der Gleichgültigkeit der Katze für ihre Familie stoßen.

49. Die Ratte ist überfordert. Der Drache ist gnädig.

50. Nein. Der Drache wird seine Eltern (besonders bei einem Büffelvater) verächtlich behandeln.

51. Ja. Ausgezeichnet für die Entwicklung des Kindes.

52. Die Katze hat nichts gegen ein Prachtkind, solange sie ihre Ruhe hat.

53. Sehr gut. Sie werden aufeinander stolz sein.

54. Ja. Die Schlange hat Verständnis für den Drachen.

55. Das geht auf jeden Fall gut. Jeder lebt sein eigenes Leben.

56. Malerisch! Bei einer Ziegenmutter und einem Drachensohn kann es ausgezeichnet sein.

57. Sehr gut. Der Affe hat dem zu vertrauensseligen Drachen viel zu bieten.

58. Möglich. Der Hahn wird sein Drachenkind zu sehr bewundern und verwöhnen. Und das kann schädlich sein.

59. Sie verstehen sich nicht. Der Drache haßt die kritischen Bemerkungen, mit denen der Hund nicht spart.

60. Ja. Das Schwein kann dem Drachen sehr nützlich sein.

61. Das Schlangenkind kann tun und lassen, was es will – und auf eine so charmante Art.

62. Die Schlange ist weise genug, um zu gehorchen – oder so zu tun.

63. Völliges Unverständnis. Das Schlangenkind wird sich Mühe geben.

64. Ja . . . Sie werden viel plaudern und gute Freunde sein. Und das mag die Katze besonders gern.

65. Ja. Die Schlange versteht und durchschaut den Drachen. Sie wird sich nicht zum Narren halten lassen.

66. Wer wird wen in Fesseln legen? Das Schlangenkind soll sich schnellstens verheiraten – bevor es zu spät ist.

67. Das Schlangenkind übt strenges Urteil an seinem allzu leidenschaftlichen Pferdevater (oder Mutter) und wird ihm im Falle eines Konfliktes immer unrecht geben.

68. Die Ziege wird sich gern von ihrem Schlangenkind einwickeln lassen, solange es sich um sie kümmert.

69. Nicht schlecht. Weisheit und List passen manchmal gut zusammen.

70. Sie werden viel Gespräche führen, aber da sie beide einen Hang zur Faulheit haben, könnte das im Nichtstun enden.

71. Der Hund weiß mit dem Schlangenkind nicht viel anzufangen. Beschauliche Weisheit liegt ihm nicht.

72. Ja – zum Schaden des Schweins. Eine Schweinemutter kann zur Sklavin ihres Schlangenkindes werden.

73. Das Pferd wird ausschlagen. Es wird sehr jung das Elternhaus verlassen, denn die Ratteneltern sind ihm unerträglich.

74. Nein. Das Pferd verträgt keine sinnlose Autorität. Es wird sich aufbäumen und das Elternhaus für immer verlassen.

75. Viel Streit zwischen diesen leidenschaftlichen Partnern. Aber auch viel Liebe und gegenseitiger Respekt.

76. Die Katze liebt ihre Ruhe über alles. Warum soll das Pferdekind nicht seinen freien Willen haben?

77. Einige Probleme, aber letztendlich renkt sich alles ein.

78. Die Unabhängigkeit des Pferdekindes wird ein echtes Problem für Eltern und Kind.

79. Sie verstehen sich ausgezeichnet, und das könnte zu Exzessen führen. Sie verlassen sich zu sehr aufeinander.

80. Ja. – Aber die Ziege sollte sich nicht darauf verlassen, daß das Pferdekind für ihre alten Tage sorgen wird.

81. Das Pferd ist zwar geschickt, aber es neigt dazu, die Schlauheit, der es vielleicht einmal zum Opfer fallen könnte, zu unterschätzen.

82. Niemals wird sich das Pferd der Autorität des Hahns unterwerfen; und der Hahn wird dabei völlig den Kopf verlieren.

83. Es macht dem Hund nichts aus, daß das Pferdekind seinen Kopf durchsetzen will, aber er wird von seinem Egoismus enttäuscht sein.

84. Das Schwein wird sich Kummer und Sorgen machen, weil das Pferdekind zu früh das Elternhaus verläßt.

85. O weh! Aber wenigstens wird der Rattenvater für seine Ziegentochter Verständnis haben.

86. Hundertmal nein! Der Büffel wird unzufrieden, das Ziegenkind unglücklich sein, und es kann ein böses Ende nehmen.

87. Das Ziegenkind wird oft bestraft werden und sich nicht entwickeln können. Die Autorität des Tigers ist zu hart für sie.

88. Sehr gut für das Ziegenkind. Die Katze wird ihr helfen, sie verstehen – und sie gern haben.

89. Der Drache ist stolz auf die künstlerische Begabung der Ziege und wird ihr viel helfen.

90. Nicht zu schlecht, wenn die Familie wohlhabend ist.
91. Ja – die Ziege wird glücklich sein – aber Hilfe findet sie nicht.
92. Das könnte amüsant sein, aber nicht sehr positiv. Große Kameradschaft zwischen Ziegenmutter und Tochter.
93. Er kann ein Maximum aus ihr herausholen, denn die Ziege ist verteufelt begabt.
94. Der Hahn wird den Eindruck haben – ein Entenküken ausgebrütet zu haben.
95. Schwierig. Der Hund könnte den Mut verlieren und sein Ziegenkind fallenlassen.
96. Glückliche Ziege! Das Schwein wir ihr sein ganzes Leben lang helfen. Große Liebe.
97. Der Affe wird vergöttert werden, besonders wenn es ein Junge ist und die Mutter Ratte. Aber ist das wirklich gut?
98. Ja – der Büffel fällt immer auf den Affen herein.
99. Gewiß, der Tiger wird oft der Angeführte sein, aber der Affe müßte wissen, daß man nichts übertreiben soll.
100. Hier hat der Affe seinen Meister gefunden. Eine Katze läßt sich nicht zum Narren halten.
101. Gutes Verständnis. Der Drache wird dem Affen Klugheit beibringen – wenn der sie braucht.
102. Nun ja – der Affe wird sich wie immer aus der Schlinge ziehen.
103. Alle lachen sich ins Fäustchen. Da gibt es keine Schwierigkeiten.
104. Merkwürdig . . . Diese seltsamen Eltern könnten das Affenkind amüsieren.
105. Komplicen in jeder Beziehung. Auf einen Schlauen kommt ein eineinhalbmal Schlauer.
106. Der Hahn wird betrogen und zufrieden sein.
107. Der Hund nimmt den Affen nicht ernst – und umgekehrt.
108. Gut. Der Affe wird das Schwein in Erstaunen setzen und ihm Vergnügen bereiten – und er wird es respektieren.
109. Nun ja. Viel Zänkerei, aber sie werden es schaffen. Der

Hahn ist ein so guter Junge!

110. Ja. Wenn der Hahn sich aufplustert, ist es ihm ganz angenehm, eine höhere Autorität über sich zu spüren.

111. Das Hahnenkind wird dem Tiger nur mäßig gefallen – aber der Tiger gefällt dem Hahn!

112. Die Katze kann den Hahn nicht für voll nehmen. Ihr gefällt weder seine Prahlerei noch sein stutzerhaftes Auftreten.

113. Der Hahn wird blind gehorchen, und damit ist der Drache zufrieden. Gutes Einvernehmen.

114. Sie werden sich gut verstehen. Es schmeichelt dem Hahn, wenn er sich unentbehrlich fühlen kann, selbst wenn er dabei seine Freiheit verliert.

115. Das Hahnenkind ist enttäuscht und verurteilt die Moral seines Pferdeelternteils – und dem Pferd ist das völlig gleichgültig.

116. Gegenseitige Abneigung. Keine Verständigungsmöglichkeit.

117. Der Affe kann das Hahnenkind nicht ernst nehmen, auch wenn er es sich nicht anmerken läßt, aber der Hahn leidet darunter.

118. Hahnenkampf! Um jeden Preis zu vermeiden.

119. Sie werden sich aus dem Wege gehen. Sie haben nichts gemein.

120. Das Hahnenkind wird glücklich sein. Das Schwein wird alles tun, um es zu verstehen und glücklich zu machen.

121. Kein Verständnis. Keine gemeinsamen Ideen. Der Hund wird wie immer seine Pflicht tun.

122. Nein. Streit ist unvermeidlich. Der Büffel liebt es nicht, wenn seine Autorität angezweifelt wird.

123. Ideal. Eine Idylle! Bestes Einvernehmen, auch in der Not und wenn nötig – bis in den Tod.

124. Die friedliche Katze macht den Hund glücklich. Besonders bei einer Katzenmutter.

125. Nein. Der Hund kann nun einmal nicht die Bewunderung für den Drachen aufbringen, die dieser sich geschuldet glaubt.

126. Sie sind einander von keinerlei Nutzen.

127. Für Egoismus hat der Hund kein Verständnis, aber schließlich ist er auf das Pferd nicht angewiesen.

128. Der Hund wird sich bald von seinen Ziegeneltern distanzieren, aber er wird sie nie im Stich lassen.

129. Schwierig . . . Der Affe findet, daß sein Hundekind das Leben zu ernst nimmt, und er wird seinen Spott an ihm auslassen, was der Hund nicht verträgt.

130. Das verschlägt dem Hahn die Sprache! Sie reden ständig aneinander vorbei.

131. Gutes Auskommen. Allerdings gefährlich für die übrige Familie, denn sie könnten in Exzesse verfallen.

132. Sie verstehen sich gut. Das Schwein wird sich mit Hingabe der Sache des Hundes annehmen, aber oft wird es sich Sorgen machen.

133. Gute Kameradschaft, besonders bei Vater und Sohn. Die Aggressivität der Ratte verpufft beim Schwein.

134. Das Schwein ist zwar verträglich, aber zuviel Autorität verträgt es nicht. Es wird sich auflehnen.

135. Obgleich der Tiger zuweilen ein «Schweinskopf» ist, wird ihm das Schwein alles verzeihen, weil es die Großzügigkeit des Tigers schätzt.

136. Vielleicht. Aber das sentimentale Schwein wird unter der Gleichgültigkeit der Katze leiden.

137. Ja! Der Drache nützt dem Schwein. Er wird alles tun, um seinem Schweinskind zum Erfolg zu verhelfen.

138. Vorsicht! Das Schwein muß aufpassen, daß es sich nicht einwickeln läßt.

139. Nein! Das Schwein verträgt den Egoismus des Pferdes nicht, und es wird leiden, während das Pferd sich darüber keine Gedanken macht und ruhig schlafen kann.

140. Letzten Endes wird das Kind den Eltern helfen. Das Schwein mag die Ziege gern.

141. Sehr gut. Der Affe ist dem Schwein sehr zugetan. Er wird versuchen, ihm beizubringen, im Leben etwas mißtrauischer zu sein.

142. Das Schwein ist geduldig – aber es hat seinen eigenen

Willen. Der Hahn bilde sich nicht ein, daß er das Schwein wie ein dummes Huhn behandeln kann.

143. Ja – obgleich die zuweilen ausschweifende Art des Schweins den Hund entsetzt.

144. Ja – zwei gute Freunde. Sie werden mit Vergnügen gemeinsam ausgehen.

Liebe und Ehe

	Ratte Frau	Büffel Frau	Tiger Frau	Katze Frau	Drache Frau	Schlange Frau	Pferd Frau	Ziege Frau	Affe Frau	Hahn Frau	Hund Frau	Schwein Frau
Ratte Mann	1	2	3	4	5	6	7	8	9	10	11	12
Büffel Mann	13	14	15	16	17	18	19	20	21	22	23	24
Tiger Mann	25	26	27	28	29	30	31	32	33	34	35	36
Katze Mann	37	38	39	40	41	42	43	44	45	46	47	48
Drache Mann	49	50	51	52	53	54	55	56	57	58	59	60
Schlange Mann	61	62	63	64	65	67	67	68	69	70	71	72
Pferd Mann	73	74	75	76	77	78	79	80	81	82	83	84
Ziege Mann	85	86	87	88	89	90	91	92	93	94	95	96
Affe Mann	97	98	99	100	101	102	103	104	105	106	107	108
Hahn Mann	109	110	111	112	113	114	115	116	117	118	119	120
Hund Mann	121	122	123	124	125	126	127	128	129	130	131	132
Schwein Mann	133	134	135	136	137	138	139	140	141	142	143	144

Suchen Sie Ihre Zahl auf der Tabelle, und lesen Sie den entsprechenden Abschnitt auf den folgenden Seiten.

1. Eine zärtliche Rattenliebe. Vermeiden Sie vor allem lächerliche Kosenamen, wie z. B. «mein kleines Mausi».

2. Eine solide Ehe. Die Frau hat die Hosen an, aber sie ist treu und realistisch und kann ihren Rattenmann glücklich machen.

3. Nicht von langer Dauer: Die Tigerin stellt hohe Ansprüche, und der Rattenmann muß sich bis zur Erschöpfung abplagen, um ihr gefällig zu sein.

4. Die Katze läßt das Mausen nicht, auch eine ruhige Katze . . . Wenn die Ratte kein Masochist ist, soll sie Katzen aus dem Wege gehen.

5. Warum nicht? Die Drachenfrau liebt es, bewundert zu werden, und ein verliebter Rattenmann wird sie anbeten.

6. Sie wird glücklich sein, aber untreu . . . Sie könnte ihn ins Unglück stürzen.

7. Zuviel Leidenschaft. Eine Ehe wird meist mit Scheidung enden oder kann ein tragisches Ende nehmen. Abzuraten!

8. Recht und schlecht. Wenn er Geld hat, wird sie glücklich sein, aber ihn wird es ärgern, daß sie ihn ausnutzt.

9. Die Äffin wird glücklich sein. Er ist dermaßen von ihr fasziniert, daß er ihr alles verzeiht.

10. Vielleicht. Der verliebte Rattenmann ist geduldig, und wenn die Hahnfrau auch verschwenderisch ist, hat sie ihre guten Eigenschaften.

11. Interessant. Alles geht gut, solange er nicht zu oft zu Hause ist. Sie ist über vieles erhaben.

12. Gut. Beide sind Genießer und intellektuell veranlagt. Sie können miteinander glücklich sein.

13. Hundertmal ja! Eine friedliche Ehe. Die Ratte kann ihren Büffel in aller Ruhe lieben.

14. Beide sind materialistisch und konservativ. Er wird sie Mama und sie wird ihn Papa nennen.

15. Unmöglich. Der Büffel wird die Tigerin vernichten. Eine solche Ehe kann nur scheitern.

16. Könnte gehen. Eigentlich passen sie nicht zusammen, aber die Katze ist geduldig und tugendhaft.

17. Problematisch. Die Drachenfrau möchte glänzen, und der Büffel mißtraut allem, was glänzt.

18. Solange sie ihre außerehelichen Beziehungen verbergen kann, geht alles gut. Aber wehe, wenn er dahinterkommt.

19. Schwierig. Sie verstehen sich nicht. Die Pferdefrau ist unabhängig und leidenschaftlich. Sie wird vor ihm Angst haben und unglücklich sein.

20. Der Büffel verträgt keine Phantasie, und auf keinen Fall duldet er, daß ihm Hörner aufgesetzt werden. Kein gutes Paar.

21. Der Büffel liebt die Affenfrau. Er wird Zugeständnisse machen, aber unglücklich sein.

22. Eine vollkommene Ehe. Die Hahnfrau kann in Ruhe – im Kreise der Familie – glänzen.

23. Schwierigkeiten. Sie haben verschiedene Moralbegriffe. Er ist konservativ, und sie ist für Freiheit und Emanzipation.

24. Das Schwein verträgt alles, nur keine Einschränkungen. Mit der Zeit wird sie den Mut finden, sich zur Wehr zu setzen.

25. Wenn es sein muß! Läßt die Ratte dem Tiger seinen Willen und seine Abenteuer, so können sie noch ihre diamantene Hochzeit feiern.

26. Auf keinen Fall! Sie würde ihn am Boden zerstören. Hände weg von Büffelfrauen!

27. Auch wenn sie sich verstehen – und das ist durchaus möglich –, ist von einer Ehe absolut abzuraten.

28. Ein gespanntes Verhältnis, aber sie verstehen sich, und die Katze kann dem Tiger die Stirn bieten. Sie wird ihn nicht allzu ernst nehmen – und zu Hause bleiben.

29. Zwei machtvolle Naturen. Die Drachenfrau ist wohlüberlegt und vorsichtig und kann dem Tiger nützlich sein.

30. Zu vermeiden! Absolut keine Verständigungsmöglichkeit. Stürmischer Enthusiasmus und kühle Weisheit

passen selten zueinander.

31. Gut. Die Pferdefrau kann ihre Leidenschaft austoben – und unabhängig bleiben. Der Tiger ist ja so beschäftigt.

32. Schlecht. In einem Wutanfall wird der Tiger die Ziege verschlingen.

33. Schwierig, aber möglich. Solange er sich anderswo austobt, wird sie ihn immer wieder bezaubern können.

34. Der Tiger ist zuviel für sie. Die Hahnfrau wüßte nichts mit ihm anzufangen.

35. Wird gut gehen. Sie haben dieselben Ideale und werden gemeinsam kämpfen – und dabei die Liebe vergessen.

36. Die Schweinefrau versteht und schätzt den Tiger. Eine Verbindung wird für sie sehr aufreibend sein, aber sie kann sich durchaus verteidigen.

37. Die Ratte schwebt ständig in Gefahr. Der Kater bleibt gern zu Hause, und die Versuchung, die Ratte zu fressen, ist groß.

38. Ja, vielleicht. Warum nicht? Eigentlich ist es ihm gleich, wer die Hosen anhat.

39. Schwierig. Die Tigerin ist kompliziert und anspruchsvoll und der Kater gewandt und spöttisch.

40. Warum nicht? Vor allem, wenn sie keine Kinder haben. Ideale Verbindung für Homosexuelle, die zusammen einen Kunst- oder Antiquitätenhandel betreiben.

41. Es ginge noch gerade . . . wenn die Drachenfrau sich nicht allzusehr im warmen Heim langweilt.

42. Warum nicht? Sie haben sich viel zu erzählen. Sie werden Gedanken austauschen, Betrachtungen anstellen und sich gegenseitig liebevoll beobachten.

43. Vielleicht . . . wenn es der Pferdefrau nicht zu langweilig wird. Er wird ihr ein verständnisvoller Freund sein.

44. Gut. Er liebt die Phantasien der Ziege, und beide haben künstlerischen Geschmack.

45. Amüsant . . . aber oft auf Kosten anderer. Sie finden viel Spaß aneinander.

46. Der Kater verträgt schlecht eine Hahnfrau in seinem Hause. Sie macht ständig Szenen und will ausgehen.

47. Solange es keinen Krieg gibt, geht alles gut. Aber wenn die Hündin ihre Ideale verfolgt, macht sie dem Kater das Leben zur Hölle.

48. Gut. Sehr gut sogar, wenn das Schwein sich von Ausschweifungen zurückhält.

49. Gut. Die Ratte kann sich dem Drachen als nützlich erweisen, und er wird ihr dafür dankbar sein.

50. Nein. Ein ständiger Autoritätskonflikt. Und der Drache wird sich bei der Büffelin langweilen.

51. Ja. Trotz einiger möglicher Reibereien. Der Drache kann die Tigerin zur Vernunft bringen, und sie wird seine Ratschläge befolgen – besonders die schlechten.

52. Sehr gute Ehe. Der gesellschaftliche Schliff und die diplomatischen Tugenden der Katze kommen dem Ehrgeiz des Drachen gut zustatten.

53. Ein wahres Feuerwerk! Sie werden sich ewig gegenseitig überbieten wollen.

54. Sehr gute Ehe. Der Drache ist stolz auf die Schönheit und den Charme der Schlange . . . auch wenn er nicht der einzige Nutznießer ist.

55. Es geht gut . . . solange es geht.

56. Die Ziege könnte auf ihre Kosten kommen . . . Sie trägt jedoch nicht nur nichts zum Erfolg des Drachen bei, sie wird ihm sogar schaden. Aber das ist ihr egal.

57. Gut. Die schlaue Äffin kann dem zu vertrauensseligen Drachen eine große Hilfe sein, und dafür wird er sie immer beschützen.

58. Gut. Die Henne wird sich im Erfolg des Drachen sonnen . . . und sich selbst mit Lorbeer bekränzen.

59. Sie ist zu realistisch und sieht den Drachen, wie er ist. Das wird ihn entmutigen, und dann sind beide unglücklich.

60. Ja. Sie wird ihm stets das Gefühl geben, daß sie ihn bewundert. Und sie ist so nett und gefällig . . .

61. Könnte noch einigermaßen gut ausgehen. Liebe macht blind . . . besonders vernarrte Ratten.

62. Ja. Der Schlangenmann wird der Büffelin gern das Hausregiment überlassen. Er ist diskret – und gern zu Hause.

63. Sie passen überhaupt nicht zusammen. Man würde sich fragen, was in aller Welt sie voneinander wollen.

64. Ja, es ginge schon. In Pantoffeln am warmen Kamin . . .

65. Schwierig. Die Drachenfrau hat ihren Stolz. Sie möchte bewundert, umworben – aber nicht wie ein Schatz behütet sein.

66. Sehr kompliziert. Flirts, Abenteuer, Seitensprünge – und ständige Versuche, dem andern Fesseln anzulegen.

67. Das Pferd ist treu. Wenn es nicht mehr liebt, verläßt es das Haus. Die Schlange ist untreu, gibt aber das Heim nicht auf. Unglückliche Ehe.

68. Wenn er reich genug ist, wird die Ziege Vernunft annehmen. Aber welche Umstände! . . .

69. Eine solche Ehe kann nur durch große Intelligenz gerettet werden. Aber selbst dann . . .

70. Günstig. Sie ergänzen sich in mancher Hinsicht, und sie werden die Philosophen spielen.

71. Der Schlangenmann kann sich ausleben . . . und sie wird einmal bemerken, daß sie angekettet ist.

72. In einer solchen Ehe würde die gute Schweinefrau ersticken . . .

73. Nein! Viel zu leidenschaftlich. Das würde ein böses Ende nehmen.

74. Das Pferd ist egoistisch und die Büffelin autoritär. Er würde sie bald verlassen.

75. Warum auch nicht? Während die Tigerin sich mit großen Aufgaben beschäftigt, kann er in aller Ruhe sein eigenes Leben führen.

76. Sehr gut. Es gibt der Katze Gelegenheit, im warmen Heim mit ihren Freunden zu plaudern. Mehr verlangt sie ja nicht.

77. Nein. Die Drachenfrau ist sehr anspruchsvoll. Sie verlangt, daß man sich voll und ganz mit ihr beschäftigt.

78. Wenn die Schlange es versteht, sich anzupassen – und sie ist klug genug dazu –, kann es gutgehen.

79. Nur ihr Egoismus kann sie retten. Beide sind zu leidenschaftlich und anspruchsvoll.

80. Gut. Sie werden sich miteinander nicht langweilen. Die Schwierigkeiten werden ihn in seiner Liebe bestärken – und die Ziege fühlt sich um so sicherer.

81. Abzuraten! Sie werden sich nie verstehen.

82. Gerade noch! Aber nicht fürs ganze Leben. Die Hahnfrau wird leiden.

83. Warum nicht? Sie ist mit ihren Idealen so beschäftigt, daß sie dem Pferd seine Unabhängigkeit läßt . . . Sie ist nicht eifersüchtig.

84. Das egoistische Pferd wird das gutmütige Schwein ausnutzen und es unglücklich machen.

85. Brrrh! Nicht daran zu denken! Stellen Sie Ihre Neugier nicht auf die Probe, die Strafe wäre hart.

86. Schlimm. Die Büffelin wird den Bock ohne weitere Umstände vor die Tür setzen.

87. O weh! In den meisten Fällen wird die Tigerin bald genug haben und ihren Ziegenbock in kurzem Prozeß verspeisen . . .

88. Warum nicht? Besonders wenn die Katze Geld hat. Sie können auch ohne Liebe gute Freunde bleiben.

89. Auf keinen Fall. Die Drachenfrau will anbeten und angebetet werden, und der Ziegenbock ist kein Anbeter.

90. Schwierig. Mit einem Ziegenbock wird der Schlange auch ihre Weisheit nichts nützen. Beide könnten versumpfen.

91. Hat sie Geld, so könnte es gehen; hat sie keins, so ist es aussichtslos.

92. Und wovon sollen sie leben? Sie werden immer auf den reichen Onkel oder auf einen Mäzen warten, und meist kommt nur der Gerichtsvollzieher. Gott sei Dank ist ihnen das alles im Grunde egal.

93. Könnte sein – aber wird eine Äffin je auf den Gedanken kommen, eine feste Bindung mit einem Ziegenbock einzugehen?

94. Abzuraten. Sie werden beide unglücklich sein, auch wenn sie es nicht zugeben wollen.

95. Nein. Das gäbe eine traurige Ehe. Beide sind zu pessimistisch.

96. Solange der Ziegenbock nicht übertreibt, wird ihn das Schwein gewähren lassen. Hat es aber einmal genug, ist nichts mehr zu machen.

97. Eine der besten Verbindungen. Die Ratte liebt und verehrt den Affen, und beide werden glücklich sein.

98. Die Büffelin liebt den Affen, und er ist intelligent genug, um sich an dem Familienkram und dem Getue im Hause nicht zu stoßen.

99. Nicht gerade ruhig. Wenn der Affe sich mit der Tigerin seine Scherze erlaubt, kann das leicht ins Auge gehen.

100. Gute Ehe . . . wenn nicht zuviel Kinder kommen.

101. Möglich. Der Affe ist ein so guter Schauspieler, und er hat so viel Charme! Er wird zwar enttäuscht sein, wird es sich aber nicht anmerken lassen.

102. Vielleicht . . . wenn Gott will und der Affe es sich wünscht. Aber eigentlich passen sie nicht zusammen.

103. Nein. Die Pferdefrau braucht Leidenschaft und verachtet Intrigen und List in der Liebe.

104. Warum nicht, wenn der Affe es sich leisten kann. Er hat solchen Spaß mit der Ziege.

105. Die wahren Spießgesellen. Sie können es weit bringen . . . in jeder Beziehung.

106. Der Affe kann sich sein ganzes Leben lang über die Hahnfrau lustig machen, ohne daß sie es merkt. Das ist die Hauptsache.

107. Abzuraten. Die Hündin ist zu idealistisch. Sie würde leiden müssen.

108. Kann gutgehen. Der Affe hat das Schwein gern, schätzt es, und da es so naiv und leichtgläubig ist, wird es ihm keinen Spaß machen, es zu betrügen.

109. Sie würden am Bettelstab enden.

110. Könnte sehr gut gehen, wenn der eitle Hahn nicht hie und da versucht, im Haus herumzukommandieren – oder wenigstens so zu tun. Da sollte er aufpassen.

111. Nein. Die Tigerin kann das eitle Gehabe des Hahns nicht vertragen, und sie würde unfair mit ihm sein.

112. Auf keinen Fall! Die Katze kann die Prahlereien des Hahns

nicht ausstehen – auch wenn sie noch so harmlos sind.

113. Ja, wenn die Drachenfrau in guten Verhältnissen lebt und der Hahn seinen Hof machen kann.

114. Warum nicht? Sie ergänzen sich in mancher Hinsicht, und die Schlange ist klug genug, um dafür zu sorgen, daß der Hahn sich nicht blamiert.

115. Nein. Für sie ist die Liebe eine ernste Angelegenheit und keine Hühnerhofgeschichte. Sie würde ihm Szenen machen und ihn schließlich verlassen.

116. Nein. Die Ziege kann und will nicht nur von Luft und Liebe leben, noch weniger von der Hand in den Mund. Und Arbeiten ist nicht ihre Sache.

117. Der Hahn wird sich für die Äffin abrackern, aber letzten Endes wird er unglücklich und sie unbefriedigt sein.

118. Eine unmögliche Ehe. Ewiger Zank und Streit.

119. Nein. Die Eitelkeit des Hahns geht der Hündin auf die Nerven und macht sie bissig und zynisch.

120. Der Hahn ist viel zu aggressiv für das Schwein. Sie passen schlecht zueinander.

121. Warum nicht? Die Ratte kommt dem Hund mit Gefühl und Realismus entgegen.

122. Schwierig – aber möglich, wenn die Büffelin sich mit dem Hauskommando begnügt.

123. Gut, aber etwas verrückt. Der Sinn für das Alltägliche wird ihnen fehlen.

124. Gut. Die Katze weiß immer guten Rat. Sie wird ihm das Leben ein wenig gemütlicher machen, und sie versteht es, ihn aufzuheitern. Im übrigen wird sie ruhig zu Hause bleiben.

125. Nein. Blinde Verehrung liegt dem Hund nicht. Es gibt Wichtigeres zu tun.

126. Einigermaßen. Wenn die Schlange nicht zu anspruchsvoll ist . . .

127. Ja. Während er sein Leben in den Dienst einer großen Sache stellt, hat sie alle Muße, sich mit sich selbst zu beschäftigen, und beide werden glücklich sein.

128. Nein. Früher oder später bekäme einer von beiden einen

Nervenzusammenbruch.

129. Vielleicht, aber mit vielen Einschränkungen, denn beide sind ein wenig zynisch und pessimistisch.

130. Wenn es sein muß! Solange sie bei Kaffeekränzchen und Bridgespiel bleibt, kann nicht viel schiefgehen.

131. Ja, aber beide sind so selbst- und anspruchslos, daß sie wahrscheinlich Geldsorgen haben werden.

132. Gut. Die Lebensfreude des Schweins bringt dem Hund mehr Ausgeglichenheit. Beide sind großzügig, und wir wissen, daß Schweine oft aus reichen Familien stammen.

133. Gut. Solange die Ratte nicht zu aggressiv wird, können sie glücklich sein – aber nur dann.

134. Lieber nicht. Das Schwein wird sich woanders die Annehmlichkeiten suchen, die es zu Hause nicht findet – und das wird Ärger geben.

135. Warum nicht? Allerdings könnte die Tigerin das Schwein – ausschlachten, ohne sich dabei etwas Böses zu denken.

136. Kann gutgehen – aber die Katze mag keine Ausschweifungen, und das Schwein muß sich irgendwie woanders vertrösten – ohne in Schwierigkeiten zu kommen.

137. Ja. Das Schwein wird die Drachenfrau verwöhnen. Es hat's ja so gewollt!

138. Armes Schwein. Es wird gehemmt und verklemmt sein und alle Lebensfreude verlieren.

139. Das Schwein kann die Leidenschaft der Pferdefrau nicht befriedigen, es wird unter ihrem Egoismus leiden.

140. Da das Schwein oft reich ist, wird die Ziege glücklich sein, aber sie wird sich nicht leicht bändigen lassen.

141. Warum nicht? Die Äffin schätzt und achtet das Schwein.

142. Das Schwein ist geduldig und nachsichtig. Eine Ehe ist durchaus möglich.

143. Gut. Eine Liebe, die auf Achtung und gegenseitigem Verständnis beruht.

144. Eine gute Ehe. Gegenseitige Zugeständnisse. Sie kommen gut miteinander aus.

Berufe und Geschäfte

	Ratte	Büffel	Tiger	Katze	Drache	Schlange	Pferd	Ziege	Affe	Hahn	Hund	Schwein
Ratte	1											
Büffel	2	3										
Tiger	4	5	6									
Katze	7	8	9	10								
Drache	11	12	13	14	15							
Schlange	16	17	18	19	20	21						
Pferd	22	23	24	25	26	27	28					
Ziege	29	30	31	32	33	34	35	36				
Affe	37	38	39	40	41	42	43	44	45			
Hahn	46	47	48	49	50	51	52	53	54	55		
Hund	56	57	58	59	60	61	62	63	64	65	66	
Schwein	67	68	69	70	71	72	73	74	75	76	77	78

Suchen Sie Ihre Zahl auf der Tabelle, und lesen Sie den entsprechenden Abschnitt auf den folgenden Seiten.

1. Wo ist das Arbeitskapital? Das könnte in einem blühenden Wucherladen enden.
2. Der Büffel ist kein Geschäftemacher, aber seine Arbeit ist sein Kapital. Das genügt ihm. Er ist zufrieden, solange er zu befehlen hat.
3. Sie sollten sich lieber einen Bauernhof kaufen.
4. Die Ratte ist zwar gewinnsüchtig, aber ehrlich – wenigstens im allgemeinen. Da hat der Tiger noch einmal Glück gehabt, denn sonst könnte ihn eine solche Verbindung teuer zu stehen kommen.
5. Nein. Der Büffel würde versuchen, den Tiger zugrunde zu richten. Katastrophale Partnerschaft!
6. Abzuraten! Sie würden Kopf und Kragen riskieren. Und auf keinen Fall eine Partnerschaft!
7. Die Katze kann in Geschäften gefährlich sein – besonders für die Ratte!
8. Armer Büffel. Die Katze wird ihn ausnutzen.
9. Möglich. Die Katze und der Tiger können sich ergänzen. Sie ist vorsichtig, und er ist waghalsig.
10. Als Anwälte und Notare oder im Kunsthandel. Ja!
11. Ausgezeichnete Partnerschaft, wenn der Drache Chef ist.
12. Und wer befiehlt? Der vornehme Drache wird sich dem bäurischen Büffel nicht unterordnen.
13. Gute Zusammenarbeit von zwei Draufgängern. Der Drache wird Verstand für zwei haben müssen.
14. Ja. Die Katze wird dem Drachen die Entscheidungen überlassen. Aber sie wird ihn gut beraten.
15. Abzuraten. Kompetenzstreit.
16. Interessant für den außenstehenden Beobachter.
17. Sie sollten es bleibenlassen.
18. Nein. Sie könnten sich nie einigen.
19. Ja. Sie werden gute Geschäfte machen – wenn sie arbeiten!
20. Möglich. Aber wenn die Schlange den Drachen arbeiten läßt und nur zuschaut, kann es böse enden.
21. Sie werden sich alles so lange überlegen, bis das Geschäft in Konkurs gerät.

22. Unmöglich. Sie können sich nicht leiden und werden alles tun, um sich gegenseitig zu schaden.

23. Könnte gehen. Beide sind sehr fleißig, tüchtig und ehrlich, nur ist das Pferd gewandter, und es wird sich dem Büffel nicht unterordnen.

24. Ja! Es wird zwar nicht einfach sein, und es wird manchen Krach geben, aber die Chancen sind günstig.

25. Das wird ein toller Laden! Die Katze ist gerissen, aber das Pferd ist auch nicht dumm. Und beide lieben Kongresse, Konferenzen und Empfänge.

26. Ja, aber nur für ein Geschäft. Mehr ist nicht drin.

27. Das Pferd arbeitet, während die Schlange nachdenkt.

28. Jeder ist so sehr auf seinen Vorteil bedacht, daß das Geschäft dabei kaputtgeht.

29. Die Ziege hat künstlerische Begabung, aber kann die Ratte etwas damit anfangen?

30. Kommt nicht in Frage! Sie haben miteinander nichts zu schaffen.

31. Der Tiger wird ihr Verständnis und Toleranz entgegenbringen, aber die Ziege hat eine angeborene panische Angst vor ihm.

32. Gute Zusammenarbeit. Die Katze hat Geschmack und kann die Ziege zu produktiver Arbeit bringen.

33. Wenn der Drache Impresario, Regisseur oder Filmproduzent ist, kann die Ziege wertvolle Arbeit leisten.

34. Vielleicht. Die Schlange ist klug, aber wenn ihr Einfluß nicht stark genug ist, wird die Ziege Dummheiten machen.

35. Ja. Die leichtsinnige Ziege wird zwar einiges riskieren, aber das Pferd ist geschickt.

36. Unschicklich. Vielleicht ein Landstreicherteam – oder ein geniales Parasitenunternehmen am Rande der Legalität.

37. Ja. Aber die Ratte sollte in ihrer blinden Verehrung für den Affen vorsichtig sein.

38. Nein. Da der Büffel den Affen gern hat, wäre es für ihn um so schmerzhafter.

39. Der Tiger soll sich vor der Schlauheit des Affen und der Affe vor der Kraft des Tigers in acht nehmen.

40. Ein nutzloses Spiel! Zwar ist einer so schlau wie der andere, aber bei diesem Wettbewerb wird keiner produktiv sein.

41. Sehr gut. Schlauheit und Macht. Eine ausgezeichnete Verbindung.

42. Die Schlange wird Schwierigkeiten haben. Der Affe kann ein Teufel sein.

43. Das Pferd ist zu gut beraten, um sich mit dem Affen auf Geschäfte einzulassen.

44. Die Ziege hat nichts zu verlieren, und der Affe kennt ihre Begabungen gut genug, um sie gewinnbringend anzulegen.

45. Bei ihrer Manier, immer der Schlauere sein zu wollen, könnten die beiden Schlitzohren in die Klemme geraten.

46. Hände weg! Das wäre ein miserables Geschäft.

47. Viel Arbeit und wenig Gewinn. Und der Büffel würde den Fleiß des Hahns nicht einmal anerkennen und ihm vorwerfen, er arbeite nicht genug.

48. Abzuraten! Der Hahn ist dem Tiger nicht gewachsen, und er würde sich nur abrackern.

49. Da sollte der Hahn aufpassen! Wenn die Katze mit ihm Geschäfte machen will, muß etwas dahinterstecken.

50. Bei einem Drachenchef kann der Hahn eine gute Karriere als Werbeberater machen.

51. Sie werden reden und reden, und inzwischen hat sich das Geschäft zerschlagen.

52. Ja, aber der Hahn soll sich nicht allzusehr auf das Pferd verlassen, und er muß hart ran, wenn er will, daß es mit ihm zufrieden ist.

53. Nein. Der Hahn hat nichts für die Ziege übrig. Er findet sie unnütz und versteht sie nicht.

54. Armer Hahn. Er wird sämtliche Federn lassen.

55. Eine große Pleite!

56. Der Hund ist zwar ein Realist, aber auch ein Idealist, und die Ratte ist ihm zu sehr auf Gewinn aus.

57. Sie haben keine gemeinsamen Interessen. Was könnten sie da unternehmen?

58. Sie sind die idealen Partner für jedes Unternehmen – außer für ein geschäftliches.

59. Sie sind einander von großem Nutzen. Sie mit ihrer Ruhe und Geschicklichkeit, er mit seiner Treue und seinem praktischen Verstand.

60. Nein. Der Hund durchschaut den Drachen, und der Drache liebt das nicht.

61. Schon möglich, aber nicht gerade verlockend.

62. Warum nicht? Sie können miteinander Geschäfte machen, aber sie sollten keine Partnerschaft eingehen.

63. Nein. Der Hund hat Wichtigeres zu tun. (Wenigstens glaubt er es.)

64. Für beide unerfreulich. Der Hund läßt sich nichts vormachen, und der Affe fürchtet ihn darum.

65. Nein. Sie sind in allem anderer Meinung. Eine Partnerschaft wäre katastrophal.

66. Beide sind zu uneigennützig, und sie könnten sich ruinieren. Aber macht es ihnen wirklich etwas aus?

67. Die Ratte wird versuchen, das Schwein übers Ohr zu hauen, aber das Schwein hat in Geldsachen – ein unheimliches Schwein.

68. Das Schwein kann dem Büffel sehr nützlich sein, und es schätzt seine produktive Arbeitskraft.

69. Der Tiger handelt so großzügig und leichtsinnig, daß er für das Schwein ein großes finanzielles Risiko ist.

70. Ja. Die Katze ist geschickt, und das Schwein hat ein unglaubliches Glück. Sie können schwerreich werden.

71. Ein sicherer Erfolg. Und das Schwein ist relativ bescheiden.

72. Das Schwein braucht die Weisheit der Schlange nicht. Außerdem kann ihm die Schlange nur schaden.

73. Sie kommen in Geschäften nicht miteinander aus, und sie haben grundverschiedene Ansichten.

74. Sie können sich gegenseitig von Nutzen sein, und selbst die Ziege, die arme Ziege, bringt dem Schwein etwas ein.

75. Der Affe hat alles Interesse, mit dem Schwein eine Partnerschaft einzugehen, und er weiß es. Er wird sogar großzügig sein, denn es ist zu seinem eigenen Vorteil.

76. Das Schwein setzt kein Vertrauen in die geschäftlichen Fähigkeiten des Hahns. Es wird daher sehr zurückhaltend sein.

77. Ja, aber das Schwein wird einiges abschreiben müssen, da der Hund zu großzügig ist. Aber das ist ihm egal.

78. Sie können ein Vermögen verdienen. Auf jeden Fall sollten sie es versuchen, denn sie haben das Glück auf ihrer Seite.

Freundschaft
und gesellschaftlicher Verkehr

Ratte	Büffel	Tiger	Katze	Drache	Schlange	Pferd	Ziege	Affe	Hahn	Hund	Schwein	
1	2	3	4	5	6	7	8	9	10	11	12	Ratte
	13	14	15	16	17	18	19	20	21	22	23	Büffel
		24	25	26	27	28	29	30	31	32	33	Tiger
			34	35	36	37	38	39	40	41	42	Katze
				43	44	45	46	47	48	49	50	Drache
					51	52	53	54	55	56	57	Schlange
						58	59	60	61	62	63	Pferd
							64	65	66	67	68	Ziege
								69	70	71	72	Affe
									73	74	75	Hahn
										76	77	Hund
											78	Schwein

Suchen Sie Ihre Zahl auf der Tabelle, und lesen Sie den entsprechenden Abschnitt auf den folgenden Seiten.

1. Ja, aber kleine Bosheiten werden sie sich nicht verkneifen können.
2. Da wird es an Gesprächsstoff mangeln.
3. Nein, der eine ist enthusiastisch, der andere materialistisch.
4. Nein, die Absichten der Katze sind für die Ratte äußerst ungesund.
5. Ganz gut, denn sie mögen sich, und die Ratte wird dem Drachen nicht die Schau stehlen.
6. Ja, sie haben sich eine Menge zu erzählen. Eine sehr gesprächige Freundschaft.
7. Nein. Davon kann keine Rede sein. Sie verstehen sich nicht.
8. Nicht von langer Dauer. Ein Strohfeuer.
9. Ja, aber auf Kosten der Ratte.
10. In Gesellschaft, ja. Die gegenseitige Sympathie ist oberflächlich.
11. Nein, die Ratte ist dem Hund zu kleinlich.
12. Gute Stammtischbrüder, die gern einmal richtig auf die Pauke hauen. Die Aggressivität der Ratte verpufft beim Schwein.
13. Nein. Autoritätskonflikt.
14. Nein. Da kann es keine Freundschaft geben. Unverdaulich.
15. Gute gesellschaftliche Beziehungen.
16. Nein. Der Büffel mag den Drachen nicht.
17. Sie sind sehr verschieden, aber sie vertragen sich gut.
18. Sie haben grundverschiedene Ansichten und Moralbegriffe.
19. Keiner kann den anderen lange ertragen.
20. Der Affe gefällt dem Büffel – aber er neigt dazu, sich über ihn lustig zu machen.
21. Freunde fürs Leben.
22. Eine solche Freundschaft kann man sich schwer vorstellen.
23. Ja, wenn sie sich nicht zu oft sehen.
24. Ja, sie könnten zusammen an einem Autorennen teilneh-

men, eine Weltreise machen oder eine Revolution anzetteln, alles – solange sie nicht unter einem Dach leben.

25. Sie verstehen sich sehr gut, aber die Katze nimmt den Tiger nicht ernst, und das mag er nicht.

26. Ja, sie ergänzen sich und können einander von großem Nutzen sein.

27. Nein. Einer würde am anderen vorbeireden.

28. Sie werden sich ewig herumstreiten, aber im Grunde haben sie sich sehr gern.

29. Worüber könnten sich die beiden unterhalten? Die Ziege über ihre Pläne und der Tiger über seine Taten?

30. Der Tiger ist gewiß ein charmanter Gesellschafter, aber von einer Freundschaft ist abzuraten.

31. Für beide Teile uninteressant. Vielleicht werden sie es nicht einmal versuchen.

32. Man kann sich keine festere Freundschaft vorstellen!

33. Ja, sie kommen gut miteinander aus, aber das Schwein sollte trotzdem vorsichtig sein.

34. Hundertmal ja! Viele schöne glückliche Plauderstunden am Kamin. Sie sind ein Herz und eine Seele.

35. Gesellschaftlicher Verkehr, aber nicht mehr.

36. Ja, sie werden lange anregende Gespräche führen.

37. Sehr gute gesellschaftliche Beziehungen und vielleicht auch eine gute Freundschaft.

38. Ja, die Katze schätzt die künstlerische Begabung der Ziege und amüsiert sich über ihre Schrullen.

39. Gute Freunde und Spießgesellen, mit denen man sich besser nicht anlegt.

40. Nein. Der Hahn ist zu angeberisch und fällt der Katze auf die Nerven.

41. Ja. Die Katze ist ein guter Vertrauter, auch wenn sie dem Hund keine eigentliche Hilfe ist.

42. Ja, wenn sie nicht zusammen ausgehen. Die ausschweifenden Manieren des Schweins würden die Katze schockieren.

43. Wenn zwei gleichzeitig ihr Feuerwerk loslassen, kommt bestimmt einer dabei zu kurz.

44. Ja. Im allgemeinen ergänzen sie sich und kommen gut miteinander aus.
45. Nein. Das Pferd ist egoistisch, der Drache großzügig, und beide sind anspruchsvoll. Sie erwarten zuviel voneinander und werden enttäuscht sein.
46. Natürlich! Die Ziege ist so geschmeichelt, daß sie charmant wird, und dann zeigt sie sich von ihrer besten Seite.
47. Ja. Der Affe kann beim Drachen alles erreichen – aber er kann ihm auch sehr nützlich sein.
48. Sie sympathisieren, und das ist alles.
49. Nein. Der realistische Hund deprimiert den Drachen.
50. Gute Beziehungen – aber ohne Schwung.
51. Ja. Sie verstehen sich ausgezeichnet – wie zwei Philosophen.
52. Ja. Die Wutanfälle des Pferdes gleiten an der Weisheit der Schlange ab.
53. Möglich, wenn die Schlange der Ziege hilft.
54. Kühler gesellschaftlicher Verkehr.
55. Ja. Sie haben sich viel zu erzählen.
56. Schwierig. Sie lassen es am besten bei gesellschaftlichem Höflichkeitsaustausch.
57. Vielleicht ja, vielleicht auch nein. Das kommt ganz darauf an. Warten wir die Entwicklung ab.
58. Ja. Jeder respektiert die Freiheit des anderen.
59. Ja. Es macht doch Spaß, sich am Rande des Abgrunds zu bewegen.
60. Nein. Das Pferd traut dem Affen nicht – und mit Recht.
61. Angenehmer gesellschaftlicher Verkehr. Nachmittagstee, Bridgeklub, Tanzabende.
62. Sie werden sich über Politik unterhalten. Und wenn sie einer Meinung sind – warum nicht?
63. Das Schwein wird zurückhaltend sein – und mit Recht.
64. Ziegen kommen gut miteinander aus. Hoffentlich wird sich keine auf die andere verlassen.
65. Ja. Die Ziege gefällt dem Affen, denn sie ist nicht langweilig.

66. Unmöglich. Der Hahn ist zu konventionell. Für die Ziege fehlt jedes Verständnis.
67. Nein. Sie können sich nicht ausstehen.
68. Ja. Das Schwein hat die Ziege gern und kann mit ihr reden.
69. Stets fröhlich beisammen und zu Scherzen aufgelegt – auf Kosten der anderen.
70. Sie haben aber auch gar nichts gemein. Der Affe würde den Hahn so lange auf den Arm nehmen, bis er in die Luft geht.
71. Vielleicht – wer weiß? Es fällt dem Affen nicht leicht, den Hund zu respektieren. Und der Hund läßt sich nicht zum Narren halten.
72. Ja. Der Affe hat das Schwein gern und schätzt es.
73. Garantierter Streit. Eine Freundschaft ist unmöglich.
74. Es trennt sie eine Welt, ein Abgrund, eine Mauer . . .
75. Das Schwein sollte sich den Hahn vom Leibe halten.
76. Gute Freundschaft. Aber nicht gerade aufregend.
77. Ja. Eine tiefe, ergebene Freundschaft voller Verständnis füreinander. Das Schwein kann dem unruhigen selbstquälerischen Hund viel Ablenkung und Ausgleich bieten.
78. Sie haben den gleichen Geschmack. Zwei unzertrennliche Regimentskameraden, die Wein, Weib und Gesang lieben und das Leben genießen.

Mond- und Sternzeichen

Jetzt, da Sie wissen, unter welchem Tierzeichen Sie geboren sind, können Sie auf den folgenden Seiten Ihr chinesisches mit dem westlichen Horoskop kombinieren und feststellen, ob Sie zu den klugen oder leichtsinnigen, den wilden oder zahmen, den geselligen oder eigenbrötlerischen Tieren gehören. Sollten Ihnen die Resultate nicht zusagen, dann steht es Ihnen immer noch frei, sie auf Ihre Umgebung anzuwenden. Und vergessen Sie nicht: Niemand ist besser oder schlechter – nur anders.

Unter jedem Sternkreiszeichen finden Sie das für Sie entsprechende Tierzeichen der Reihenfolge nach (1. Ratte, 2. Büffel, 3. Tiger, 4. Katze etc.).

Steinbock (22. XII. bis 19. I.)

1. Zähe Ratte. Läßt sich nichts vormachen. Mit allen Wassern gewaschen. Nicht leicht in die Falle zu locken.
2. Ziemlich ungemütlicher Büffel. Von tierischem Ernst. Meint, man lebe nicht zum Vergnügen.
3. Tiger mit Vernunft. Er erspart sich viel Verdruß, denn er ist überlegt.
4. Melancholische Katze. Vielleicht die anspruchsvollste, ungeselligste.
5. Diskreter Drache. Für einen Drachen wirkt er fast bescheiden.
6. Brillenschlange. Ein Philosoph. Sehr intelligent – vielleicht etwas zu abstrakt.
7. Wackeres Roß. Eine seltene Art. Zuverlässig – wird es nicht immer leicht haben.

8. Ziege mit Verstand. Die beste. Sie kann alles – und hat Phantasie.
9. Gewissenhafter Affe – aber alles ist relativ.
10. Goldener Hahn. Ein seltener Vogel. Steckt voller guter Eigenschaften.
11. Wachhund. Zuverlässig – aber furchtbar unruhig.
12. Prüdes Schwein. Sehr sittenstreng – für ein Schwein.

Wassermann (20. I. bis 18. II.)

1. Eierkopfratte. Intellektuell. Hat Aussichten als Schriftsteller.
2. Verständnisvoller Büffel. Übt seine Autorität mit Milde aus.
3. Tiger mit Verstand. Findet Ausgleich zwischen Gedanken und Tat.
4. Begabte Katze. Ein wertvoller Freund. Sollte Bücher schreiben.
5. Vernünftiger Drache. Kann sogar Selbstkritik üben.
6. Rätselhafte Schlange. Esoterisch. Verblüffend intuitiv. Könnte Hellseher oder Spiritist werden.
7. Rennpferd. Sollte sich im Zaum halten.
8. Geheimnisvolle Ziege. Man hüte sich vor der großen Intelligenz – mit der sie ihren Launen nachgeht.
9. Verschlossener Affe. Man weiß nie, was er vorhat.
10. Hahn auf hohem Roß. Komischer Vogel.
11. Gescheiter Hund. Ein Intellektueller in der Meute.
12. Tüchtiges Schwein. Ausgeglichen, zielbewußt. Weiß sich durchzusetzen.

Fische (19. II. bis 20. III.)

1. Ratte mit Phantasie. Zu allem fähig – auch zu Dummheiten.
2. Schalkhafter Büffel. Achtung! Er kann «aus Spaß» eine Menge Porzellan zerschlagen.

3. Verspielter Tiger. Amüsant – aber gefährlich (vor allem sich selbst).
4. Salonkatze. In jeder Gesellschaft gern gesehen.
5. Superdrache. Hochintelligent, wohlinspiriert. Er kann und wird es weit bringen.
6. Wasserschlange. Sehr kaltblütig – in jeder Beziehung.
7. Denkmalspferd. Denkt viel nach. Tobt sich in seiner Phantasie aus.
8. Inspirierte Ziege. Begabte Künstlerin – aber leider oft unausstehlich.
9. Erfinderischer Affe. Kann sich aus jeder Schlinge ziehen.
10. Hahn auf dem Kirchturm. Will hoch hinaus. Steckt voller Wunschträume.
11. Spürhund. Ein Original. Aber er sollte unbedingt schwimmen lernen.
12. Das vollkommene Schwein. Alle Schweinetugenden sind in ihm vereint.

Widder (21.III. bis 19. IV.)

1. Kampflustige Ratte. Äußerst aggressiv.
2. Büffel mit Ehrgeiz. Seine Hörner sind zu fürchten.
3. Tiger mit Düsenantrieb. Durchbricht die Schallmauer. Gehen Sie in Deckung.
4. Wildkatze. Erwarten Sie keine Samtpfoten; sie zieht selten die Krallen ein.
5. Erzdrache. Rast blindlings drauflos. Stets siegesbewußt.
6. Riesenschlange. Wer sich von ihr einwickeln läßt, wird sie bald erdrückend finden.
7. Dampfroß. Hitzig, stürmisch. Wird sein Ziel erreichen, wenn es nicht entgleist.
8. Störrische Ziege. Wenn die Ziege einen Bock hat . . .
9. Muskelaffe. Vorsicht, es könnte ein Gorilla sein.
10. Kampfhahn. Seine Aggressivität kennt keine Grenzen. Stets bereit, einen Streit vom Zaun zu brechen.
11. Kriegshund. Pirscht sich durch Nacht und Nebel, um

Feinde aufzuspüren.
12. Schweinekopf. Eigensinnig, störrisch – aber ein goldenes Herz.

Stier (20. IV. bis 20. V.)

1. Liebenswürdige Ratte. Eine Mischung von Leseratte und Mickymaus.
2. Zärtlicher Büffel . . . aber Büffel bleibt Büffel.
3. Empfindsamer Tiger. Ausgeglichen, feinfühlig – aber leicht beleidigt.
4. Schmeichelkatze. Zeigt Samtpfötchen und schnurrt behaglich am warmen Ofen.
5. Zuckerdrache. Gemütlicher Haus- und Familiendrache.
6. Ringelnatter. Bemüht sich, treu zu sein – aber ihr Charme ist so unwiderstehlich.
7. Droschkenpferd. Weniger egoistisch als andere Pferde. Macht Zugeständnisse.
8. Ziege mit Charme. Ihre Faulheit könnte ihr zum Verhängnis werden, wenn sie nicht gute Freunde hat.
9. Harmloser Affe. Liebenswürdig, ungefährlich – oder wenigstens fast . . .
10. Hahn im Korb. Gut gelaunt, versöhnlich – fast tolerant.
11. Treuer Hund. Weniger scharf und zynisch als die anderen Hunde.
12. Marzipanschweinchen. So lieb und nett. Man hat es zum Fressen gern.

Zwillinge (21. V. bis 21. VI.)

1. Ratte mit Pfiff. Die beste Ratte. Sie wird in keine Falle gehen.
2. Büffel mit Humor. Alles in allem: ein recht angenehmer Büffel.
3. Waghalsiger Tiger. Kann kühne Taten vollbringen.

4. Streunende Katze. Die unruhigste aller Katzen. Wird sich sogar in Gefahr begeben.
5. Bunt schillernder Drache. Speit Feuer und läßt Funken sprühen.
6. Kriechende Schlange am Busen. Aalglatt, unstet – und treulos.
7. Vollblutpferd. Nicht zum Stillstehen zu bringen. Unternimmt viel, führt aber nichts bis zum Ende durch.
8. Übermütige Ziege. Sprunghaft und zügellos. Reißt am Geduldsfaden ihrer Mitmenschen.
9. Toller Affe. Nicht aufzuhalten. Stellt ein wahres Affentheater an.
10. Hahn mit Koller. Kräht von früh bis spät, ist stets in großer Aufregung – nicht zur Ruhe zu bringen.
11. Straßenköter. Eigensinnig. Sieht verwegen aus, ist aber ein guter Kerl.
12. Ungeniertes Schwein. Kann viel erreichen – wenn die kleinen Schweinchen es leben lassen.

Krebs (22. VI. bis 22. VII.)

1. Verträumte Ratte. Ihre Zerstreutheit kann ihr Kopf und Kragen kosten.
2. Gemäßigter Büffel. Läßt sich ausnutzen und kommt manchmal nicht einmal dazu, die Früchte der eigenen Arbeit zu genießen.
3. Tiger in Pantoffeln. Der häuslichste, ruhigste aller Tiger.
4. Schoßkatze. Lieblingsbeschäftigung: Nichtstun. Sehr charmant, aber etwas verweichlicht.
5. Monddrache. Er macht Pläne und träumt.
6. Verschlafene Schlange. Sie wird sich nie überarbeiten. Vor Gebrauch zu schütteln.
7. Manegenpferd. Sehr empfindlich. Trabt im Kreis herum und sehnt sich nach einem schöneren Leben.
8. Gutmütige Ziege. Eine brave anspruchslose gute Seele.

9. Artiges Äffchen. Kann kein Wässerchen trüben . . . oder sieht es nur so aus?
10. Ehrlicher Hahn. Ein guter Kerl, aber er wird sich oft rupfen lassen.
11. Vornehmer Hund. Überspitzt, von zartem Gemüt, empfindlich – aber ehrlich und aufopferungsbereit.
12. Lebkuchenschwein. Muß sehr vorsichtig sein, denn es läßt sich leicht vernaschen.

Löwe (23.VII. bis 23. VIII.)

1. Seltsame Ratte. Im Widerspruch mit sich selbst. Muß vorsichtig sein.
2. Kampfstier. Vorsicht! Geht mit dem Kopf durch die Wand. Aber dafür ist er weniger konservativ.
3. Königstiger. Stolz, aufbrausend – und großzügig.
4. Tigerkatze. Sieht zwar ruhig aus, aber ihre scharfen Krallen sind stets zum Angriff bereit.
5. Superdrache. Drache mit Hang zur Übertreibung. Bringt alles außer Atem. Im Umgang sehr ermüdend.
6. Aktive Schlange. Eine seltene Art. Ausgeglichen, zuverlässig.
7. Zentaur. Zu allem fähig. Denkt nur an sich selbst.
8. Stolze Ziege. Schwer zu verstehen, denn sie ist voller Widersprüche. Mit Vorsicht zu behandeln.
9. Waghalsiger Affe. Packt sogar den Tiger am Schwanz.
10. Tollkühner Hahn. Setzt sein Leben für nichts und wieder nichts aufs Spiel.
11. Bellender Hund. Versucht mit viel Gebell seine Feinde abzuschrecken.
12. Qualitätsschwein. Aus echtem Schweinsleder . . . auch die Brieftasche.

Jungfrau (24. VIII. bis 23. IX.)

1. Labor-Ratte. Findet sich im Labyrinth des Lebens zurecht.
2. Kurzangebundener Büffel. Barsch, unsicher. Sollte sich lieber um den eigenen Garten kümmern.
3. Besonnener Tiger. Ist tüchtig und wird sein Ziel erreichen.
4. Kluges Kätzchen. Wird sich nicht die Pfoten verbrennen.
5. Sachlicher Drache. Ein Drache mit praktischem Verstand. Der einzige, der kein Fabeltier ist. Man glaubt zu träumen . . .
6. Klapperschlange. Liebt Schmuck und Beiwerk und weiß sich ihrer zu bedienen.
7. Zugpferd. Tüchtig – aber leider unbeständig. Mit etwas gesundem Menschenverstand kann es sich viel Ärger ersparen.
8. Artige Ziege. Überall gern gesehen. Erweist sich zuweilen sogar als hilfsbereit.
9. Behender Affe. Hat es eher in den Fingern als im Kopf.
10. Dorfhahn. Selbstsicher, realistisch. Steht mit beiden Füßen im Leben.
11. Gewandter Hund. Technisch begabt, methodisch. Überläßt nichts dem Zufall.
12. Sparschwein. Liegt immer richtig.

Waage (24. IX. bis 23. X.)

1. Verträgliche Ratte. Freundlich. Weniger aggressiv.
2. Büffel mit Manieren. Umgänglich, bringt sogar Verständnis auf.
3. Zahmer Tiger. Angenehm im Umgang. Salonlöwe.
4. Naschkätzchen. Etwas effeminiert, etwas melancholisch – überall gern gesehen.
5. Sanfter Drache – aber der Schein trügt. Kann viel Umstände machen.

6. Verführerische Schlange. Achtung! Sie ist zu höflich, um ehrlich zu sein. Verfügt über hypnotischen Charme.
7. Zirkuspferd. Tänzelt federgeschmückt in der Arena herum, tut aber doch nur, was es will.
8. Fröhliche Ziege. Aber sie kann Ihnen Hörner aufsetzen.
9. Kletteraffe. Seine Gefallsucht kann ihm zum Verhängnis werden. Führt ständig Balanceakte aus.
10. Feinschmeckerhahn. Köstlich, verträglich, angenehm – fast ein Diplomat.
11. Schoßhund. Sehr zahm. Hat diplomatisches Geschick.
12. Geduldiges Schwein. Läßt sich ausnutzen, übers Ohr hauen – aber es ist ihm Wurst.

Skorpion (24. X. bis 22. XI.)

1. Bissige Ratte. Wo sie gewütet hat, wächst kein Gras mehr.
2. Gefährlicher Büffel. Eigensinnig, jähzornig, gewalttätig.
3. Tiger auf der Lauer. Machen Sie sich auf alles gefaßt. Bei ihm weiß man nie, woran man ist.
4. Unheimliche Katze. Wer ihrem Zauber erliegt, wacht eines Morgens auf – und ist verhext.
5. Stachliger Drache. Wer ihm zu nahe kommt, wird aufgespießt.
6. Paradiesschlange. Wird alle ihre Verführungskünste aufbieten, damit Sie in den verbotenen Apfel beißen.
7. Wildes Pferd. Hinreißend und leidenschaftlich.
8. Stürmische Ziege. Sehr begabt – und sehr gefährlich. Hat spitze Hörner.
9. Skrupelloser Affe. Hat stets den Kopf voller Flausen. Amüsiert sich – auf Ihre Kosten.
10. Raffinierter Hahn. Schlau, witzig, schlagfertig . . . der interessanteste aller Hähne.
11. Achtung, bissiger Hund! Zeigt stets die Zähne.
12. Borstenschwein. Kann saugrob werden – und schweinemäßig boshaft.

Schütze (23. XI. bis 21. XII.)

1. Energische Ratte. Sehr tüchtig. Es gelingt ihr sogar, etwas Erspartes auf die Seite zu legen.
2. Ausgeglichener Büffel. Vereinigt alle Büffeltugenden, aber übertreibt manchmal.
3. Ein wahrer Tiger! Kann es weit bringen . . . *zu* weit.
4. Auserlesene Katze. Die beste, glücklichste, ausgeglichenste aller Katzen.
5. Friedlicher Drache. Man kann sich auf ihn verlassen. Für einen Drachen ist er gutmütig.
6. Kletterschlange. Muß unbedingt ihr Ziel erreichen und wirkt dabei nicht immer sympathisch.
7. Arbeitspferd. Tüchtig, fleißig. Kann seine Unausgeglichenheit beherrschen.
8. Beherzte Ziege. Kann sich nützlich machen, ist fast gutwillig – also zögern Sie nicht.
9. Affe mit guten Aussichten. Machen Sie sich auf alles gefaßt.
10. Gallischer Hahn. Vereinigt alle Eigenschaften des französischen Wappentiers.
11. Tapferer Hund. Läßt sich von nichts zurückhalten.
12. Intelligenzschwein. Denkt logisch, ist wißbegierig und begreift Dinge, die sonst kein Schwein versteht.